# 薛瑞萍班级日志

## 心平气和的一年级（上）

薛瑞萍　著

江西教育出版社
JIANGXI EDUCATION PUBLISHING HOUSE
·南昌·

图书在版编目（CIP）数据

心平气和的一年级．上 / 薛瑞萍著．-- 南昌：江西教育出版社，2020.11
（薛瑞萍班级日志）
ISBN 978-7-5705-1980-4

Ⅰ．①心… Ⅱ．①薛… Ⅲ．①小学语文课—教学研究 Ⅳ．① G623.202

中国版本图书馆 CIP 数据核字 (2020) 第 140284 号

心平气和的一年级（上）
XINPING-QIHE DE YI NIANJI (SHANG)
薛瑞萍 著

江西教育出版社出版
（南昌市抚河北路 291 号 邮编：330008）
各地新华书店经销
江西千叶彩印有限公司印刷
开本 880 毫米 ×1230 毫米 1/32 印张 10 字数 175 千字
2020 年 11 月第 1 版 2021 年 7 月第 2 次印刷
ISBN 978-7-5705-1980-4
定价：36.00 元

赣教版图书如有印装质量问题，请向我社调换 电话：0791-86710427
投稿邮箱：JXJYCBS@163.com 电话：0791-86705643
网址：http://www.jxeph.com

赣版权登字 -02-2020-319

# 序言

*Preface*

## 只是陪伴

### 一

1979 年 10 月，赵化玉老师引导同学们写日记。那年我 14 岁，正读初二。14 岁，初二，才开始学写日记！那是怎样一个散漫而魔幻的年代！

倏忽 41 年过去。敝帚自珍的 20 多本自说自话也好，教育论坛上的教学叙事也好，喜马拉雅 App 上的“看云读书”系列讲述也好……都是日记，是寻常岁月在文字和声音里留下的印记。源头，都在教我语文的赵老师那里！

对我来说，日记是生活记录，也是生活本身。记录带来反思。反思与不反思的日子，怎么可能一样？

### 二

从教 37 年，服务 7 届孩子。

1984 年 8 月入职，我接手的是三年级。2020 年 10 月退休，我告别的是五年级。中间五轮大循环，“心平气和”的这一届是第四轮。其时正值“新课标”勃兴，其时恰逢“信息时代”到来。那些年头的老师，真是既淳朴又浪漫，既飞扬又踏实——

读帖、跟帖、争论、交流……“论坛时代”少有图片，更鲜见视频，大家展示或比拼的就是文字，是文字叙述的实践与思想。诚实的书写总能获得热忱鼓励，让发帖人欲罢不能。

就这样一路行一路写，从“兴致勃勃”到“栀子花开”，实实在在！始于2004年8月30日、结在2010年6月13日的六部“流水账”，是孩子的成长记录、教师的心路历程，也是一个时代的产物和证明。

此情可待成追忆，只是当时已惘然。

倏忽10多年过去，学校及整个教育环境发生了巨大变化。然而同行以及家长，依然记得这套班级日志。大家的记得，也许是对一个时代、一种情怀、一种教育生态的想念吧。

## 三

再版之际，需要强调的是三点反省。

反省之一：关于写话和日记。

一个突出的过失，就是鼓励进而要求一年级孩子写话。名为“自愿”，然而一年级的家长和孩子哪里禁得起老师，尤其是看云老师的鼓励和刺激！后来我才知道，为了写出得到表扬的那几句，孩子一家往往需要忙到很晚。原本这些时间应该是孩子用来运动、玩耍、阅读和睡觉的。如果老师真的“心平气和”，就该懂得等待，等“时候到了”再让孩子写。那么孩子会少累很多，而且事半功倍。

之后的两届，看云给学生和自己减负，二年级开始写日记，一周一篇，及时点评。事实证明效果更好。《写作课》就是这种反思与实践的记录。

反省之二：关于阅读。

一年级每天背诵两首儿歌，二年级鼓励孩子读整本字书——这就让阅读罩上了求多、求快、求深、求早的“火烧云”。无视“此一阶段”孩子的感觉和需要，减损了儿童阅读应有的从容与舒适。

具体到“儿童经典诵读”，当年的我还是过于强调背诵了。这是对“显性成果”的偏执，应当检讨。当我批评“诗词大会”沦落为“背诵大会”“记忆大赛”的时候，我常常想起自己班上的“赛诗会”。一位女生曾因此紧张到肚子痛。

反省之三：关于考试。

连续贴出的“单元测验情况”说明什么？说明我还是把分数看得太重。这不是基础教育工作者应有的心态。之后两届，看云不再为了分数跟自己及孩子过不去，也不再盯住弱孩子帮扶到底。

终于明白：不管你教得如何努力，也有孩子就是考不及格，且这些孩子有权过“不及格的幸福生活”。也就是说，看云无权要求孩子、家长和自己一起“为了及格而奋斗”。奋斗的结果是：那个家庭终于不能承受“师恩的压力”，让孩子转学走了。

几年之后，当孩子母亲告知原委时，我才明白：教师要自觉限制自己的行为，包括以爱为名的过度期待、过度帮助、过度打扰。否则，教师就是在制造教学污染，令人避之不及。

## 四

连续性是第一重要的教育原则，也是看云著述的特点。日记嘛！

同是教育叙事，对比《给我一个班，我就心满意足了》和《心平气和的一年级》，同是毕业致辞，对比《投我的影子在你们的卷上》和《世界上最重要的事情》，从浪漫到质朴的一路，流转的是岁月，也是心境。

经典诵读是一种生活方式，也是一种教育理念。在我这里，作为班级实践的儿童经典诵读开始于“心满意足”那一届，具体地说，是开始于1998年9月。

那一届的一年级，我们人手一本《365夜儿歌》；那一届的二年级，我们人手一本注音版《365夜日记》。到了六年级，我们诵《爱莲说》《新月集》，读《铁道游击队》《红日》《我们仨》《汤姆叔叔的小屋》《苏菲的世界》《小王子》……。将班会和家长会开成读书会；就阅读给家长写信，也是从那一届开始的。

“心满意足”的那一届，我还在“成绩报告册”里私自添加了“阅读”一科。一至六年级，每个孩子的“阅读课”成绩都是具体而实在的，打分依据是各人的诵读状态及读书分享表现。目的就是用分数促使孩子及家长重视阅读，爱上阅读。

“无限信仰书籍的力量！”

苏霍姆林斯基的信念也是我的信念。

## 五

“班级阅读课程化”是书香班级的硬核所在，课程化的内容和节奏，只能在连续真实的摸索与实践中得以产生和确定。

当《教六年级的日子》在栀子花香中结束，“我们班的阅读课程”也如一条道路在眼前延展。那就是：

1. 向家长募集资金，建立班级书库，保证孩子每天能够借阅一本图书。

2. 一周一个故事，固定时间讲述，讲述内容主要来自班级图书。

3. 以《日有所诵》为材料，日有所诵。

4. 以吟诵的方式学习古诗，一周一首，形成韵律。

“除了吟诵，前三项我几乎都在做。薛老师，原来我也在做阅读！

“刚上课的时候，教室不是有点乱吗？我就让学生读书给我听。低年级读儿歌，中高年级读诗。就一两分钟，很提神，很聚气。我喜欢用小故事创设情境，然后他们自由作画。我还鼓励学生从图画书里找灵感。他们画的时候，我就看书。每个班都有书柜，都有看不完的好书！”8 月 21 日上午，隔壁值班的美术老师说。

是啊，是啊。如呼吸，如饮食；如水渗地，如风入林。我的同事们，不分学科、自然而然——都在做阅读。

## 六

说说占用思品课的事。

16 年前，2004 年 9 月，校长巡课时就注意到看云课堂的不一样。她既好奇应该紧张的语文课何以可以听音乐，也诧异于思品课何以能够听歌、读书、写作业。前者太过奢侈，后者明显违规。

说服校长的，不是“课改”“整合”以及“完整的教育”“完整的人”这类说辞，而是日子一天天过去，一（2）班呈现的秩序井然的状态。

文明沉静，知书达理。

书香班级是非少，书香家庭幸福多。

这是我的信念，也是我对孩子及其父母的期待。

37年，我和搭档没有碰到特别难沟通的家长；37年，校长们——算起来共有7任，没有遭遇过来自我班家长的困扰。这是我的福气，也是历任校长对我特别包容的原因。

占用思品课不是一件理直气壮的事情，需要先完成思品课教学任务，需要有“做完整教育”的事实，更需要相对宽松的环境、相对包容的领导。年轻的同行啊，不要被我误导了。

语文课时向来紧张。不要贪多，不要急躁。首先要踏踏实实完成教学任务，其余能做多少做多少。

阅读固然重要，更重要的是我们师生的健康和舒心。

## 七

关于诵读、吟诵、讲述，都有完整连续的课堂记录出版。这里特别想说的是“班级图书”，这一块儿太重要了！

班级图书对于班上的孩子而言，是草原之于羊儿，河流之于鱼儿。我确信：优质且适宜的班级图书，是集体生活清洁而丰沛的水源。我欣见：课堂不爱发言的孩子们，课间围绕一本好书，说得热火朝天！

而我自己，归根到底，就是在自由阅读、自主探索中走过来的呀。

“心平气和”之后的两届，家长中颇有热爱儿童阅读、熟悉儿童文学的。于是图书选购日益成为“家委会阿姨”的事情，于是承载了爸爸妈妈童年回忆的《大闹天宫》《黑猫警长》《雪孩子》得以进入班级，成为亲子共读的温馨材料；于是老师把《鸡毛信》《雁翎队》《三国演义》带进教室，使得连环画成为孩子们私下交流的“硬通货”。

于是呢，在临近退休的日子里，在2020年这个特殊的夏天，承蒙合肥市62中年轻同行的信任——修订版的班级日志就有了分年级、分学期的班级书单。

要计成本，要兼顾中外，我们的书单一直在更新。定格在这里的，是一个参考与回顾。非常局限，非常个人。然而对于一个孩子来说，数量与深度持续累进的这么多书，就相当于一道瀑流、一条路，可以取一瓢饮，也可以凭借阅读所得线索，走向书店、书城、公共阅览室——走向自我教育的彼岸。

不少中国原创的“老书”已经绝版，这是一件非常令人痛惜的事情！特意录在这里，是纪念，也是期待。

有些书广为人知或一搜便知，有些书年轻人鲜少听闻或几乎淡忘。这是书单信息详略不同的原因。特意标明出版和制作单位的只有经典动画和连环画，是为了表达一份个人的感情。

致敬《连环画报》、上海人民美术出版社、上海美术电影制片厂。它们以良心创作滋养了包括看云在内的几代人，我们不应该忘记。

## 八

关于世界儿童文学，请尽量购买保留原著插图的版本，这才是严格意义上的正版。

比如《小王子》《西顿野生动物故事集》《杜立德医生的故事》《天使雕像》，作者本人亲笔描绘的插图，是作者在文字之外，为读者开启的一扇心门！

比如《时代广场的蟋蟀》《塔克的郊外》《夏洛的网》《精灵鼠小弟》，盖斯·威廉姆斯和E.B. 怀特的插图，是故事不可分割的部分。仿佛骨中之骨，肉中之肉。

还有英格丽·凡·奈曼所作《长袜子皮皮》的插图，笔触之温软与纯净，背景之明澈与空灵，几乎可以在阅读之前，先触动我们的心！还有灰谷健次郎的《兔之眼》，最令本班孩子难忘的，是那些充满力量的插图。至于E.L.柯尼斯伯格的《小巫婆求仙记》——“不看图，你绝对想不到，她是一个黑人小女孩！”

如何习得鉴别插图真伪的眼力呢？彭懿老师的《世界儿童文学：阅读与经典》是可靠的教材。我以为，《世界儿童文学：阅读与经典》《世界图画书：阅读与经典》兼具学术性、思想性、艺术性，是小学语文教师之必读书。

## 九

“干净”是我对写作的追求，然而“干净”似乎是没有止境的。所以要修订，要删冗。编辑用心做出索引的这一版，定能为你节省时间，带来方便。

至于说到这一套日志的意义，那就是——

陪伴。只是陪伴。

父母也好，教师也好，比起2004年，挑战更多，压力更大。

挑战更多、压力更大的何止教师和父母呢？对于中国来说，“三千年未有之巨变”一直就没有停歇过，所以我们一直在探索和适应中。然而总有一些东西是必须坚守的，那就是——

对儿童的忠诚，对真教育的追求。

忠诚服务儿童，努力实践真教育的同道啊，愿你足下的道路，长远而坚实。

感恩你的开卷！

祝福你和你的孩子！

薛瑞萍

2020 年 8 月 23 日

## 满园春色关不住

——读《心平气和的一年级》

出版社要我给《心平气和的一年级》写个序，读完全书之后，我心里不禁惶惶然：除了年龄痴长而外，无论哪个方面，比起作者我都差得太远，我有写序的资格吗？

但我确实有要说话的冲动。因为，我惶惶然的同时还有强烈的欣欣然，感觉到多少人一直以来的一种期盼已经或者很快就会实现：诞生当代中国自己的教育家。

我对当前许多被称为“家”者一向是不以为然的，他们经常只会用些空洞的理论、晦涩的概念、时髦的词语来炫耀自己，蒙哄群众，而这些东西又其实是从别人（主要是西方）那里鹦鹉学舌得来的。对于这样的人，艾森豪威尔这句话实在是入木三分：“我听到过一个关于知识分子的非常有趣的定义——一个人用比必要的词语更多的词语，来说出比他知道的东西更多的东西。”没有丰满的实践经验怎么可能成为“家”？教育家只能从薛瑞萍（或薛瑞萍们——包括她的那些同行者）这样的人中产生，因为他们有丰富的学识，有宝贵的实践，有深邃的思考，有不辍的探索，有坚定的信仰，有特立独行的品格，有不同凡响的创思。

由于在经济体制转型期中，各个领域、各个方面发展不平衡的情况比比皆是，各个年龄段的各种人群都承受着不同程度的心理压力。这种压力造成了人际关系的不和谐，而许多教师又远未真正树立“以人的发展为本”的教育观念，远没有真正地把学生当作“人”来平等地理解、尊重与沟通，因此造成师生之间的隔阂、摩擦与对立。特别是教师体罚、虐待甚至残害学生的案例在报刊上屡见不鲜，有一些已到了令人发指的地步。这些情况的普遍、多发与严重程度，在中外教育史上都是罕见的。

我国人口较多，而就业机会相对较少，用人制度又远未达到科学与完善，这使得不少人升学的目的主要是寻找一条出路，这样，受教育者的动机便背离了教育的宗旨。而教育者由于急功近利与旧观念的束缚，以及教育评价的偏颇，也远未实现教育的根本功能。在全社会的压力下，升学成了头等大事，千军万马走独木桥的情势有增无减。这一切压到师生的头上，他们便成了出题与做题的机器。

一个国家的出版利润绝大部分来自基础教育的教辅、练习题，这在全世界大概是独一无二的。这既是出版界的悲哀，也是教育界的悲哀。学生从清晨做题到半夜，教师从清晨忙到半夜，这已是目前中小学里习以为常的情况了。

为什么我要说上面这些？因为这已经是摆在我们面前的严峻的现实。但是，我想要告诉大家的是，从薛瑞萍那里看到的，却是与这严峻的现实截然不同的样子。在薛瑞萍所追求的“心平气和的一年级”中，我们看到的是难能可贵的和谐的境界：教师与学生的和谐，教师与家长的和谐，学生与学生的和谐，教书与育人的和谐。在我们为基础教育而忧心如焚的时候，读薛瑞萍的书，真有如沐春风的感觉。

薛瑞萍面临着同样的现实，可是她为什么能达到这种和谐的境界呢？读完薛瑞萍的书，梳理一下她每天都在做些什么，大概是可以寻到答案的。

首先，她在不间断地读书。作为一个小学教师，薛瑞萍那么热爱读书，读了那么多的书，以至于哪天没读书就觉得缺少了什么，我以为这是她成功的要素之一。现在，相当多的教师（包括语文教师）不读书，或者不爱读，或者没时间读，或者不会读。而有关部门的所谓教师培训（学历培训、继续教育培训等），其计划与做法实际上根本不符合教师眼前工作与长期发展的需要，只是在浪费教师的时间与精力而已。其实，读书才是教师获得提高必走的途径。有的教师以为把教的那本教科书弄明白就行了，但是正如陆游所说，学诗“功夫在诗外”一样，教学其实也是要靠大量摄取相关知识、不断补充文化修养才能胜任的。薛瑞萍说，“读书是一种内在需要，也是为了保持一种上升的有活力的状态”。明白了这一点，才会成为好教师。

其次，她在不间断地沟通。薛瑞萍说：“教育没有可以普遍适用的所谓规律，富有魅力和人性的教育，永远是这个教师——这个班级——这个孩子——这群家长的一对一。”她道出了教育的真谛，切中了当前教育弊端的要害。人们总把教师对学生的爱比喻为母爱（当然，即使是这一点现在也远未做到）。其实，教师的爱要博大得多。它包含着慈祥的母爱、严厉的父爱与知心的友爱，而其中最重要的还是友爱：知心朋友之间的理解、尊重、信任与交心。薛瑞萍不仅注意到了与学生之间这种平等的沟通，而且与家长沟通。为了一年级孩子的课外阅读，她给家长写了那么多信，引领着家长向正确的教育理念前行；她在网上与网友们沟通，以至于“看云”有了那么多的崇拜者、追随者与同行者。现在有个时髦的词儿叫“大教育”，从薛瑞萍身上，我们才真正看到了教育之“大”。

再次，她在不间断地反省与思考。人难免有犯错误的时候，工作难免有不顺利的时候，关键在于能否从中反省自己，思考原因与对策。有些老师在课上得不好的时候，常爱说一句话：

“这些学生不行，‘启而不发’。”他们从根本上误解了孔夫子的深邃思想。孔子说“不愤不启，不悱不发”，“启”与“发”都是对教师而言的，不是要教师“启”，学生“发”。天底下没有不接受启发的学生，只有不会启发的老师。薛瑞萍是明白这一点的，所以从全书中可以看到，她时时在反省自己，时时在思考自己面对的新问题。从自己身上找原因，又不懈地探索、研究，这样还能不进步吗？这样的人，想不做个好教师都难。

最后，我想说说对语文教学的一点想法。薛瑞萍是把握了语文教学的灵魂的，她不止一次地说：“我想语文和数学的不同，在于语文是可以混着拖的，是可以在不求甚解中慢慢明白的”，“语文不比数学，有课外阅读做暖窝，生柿子是可以慢慢捂熟的”。她在语文教学上的思考与实践实在是太漂亮了，按着她的路子走下去，语文教学效率不高的痼疾一定可以药到病除。

这里我只想提出一点疑问。从书中看，薛瑞萍用了一个半月的时间教拼音，而学生学习效果并不令她满意，所以她才不断告诫自己“不要着急”。薛瑞萍这样的优秀教师用这么长时间教拼音都感到有难度，不能不让我们更加怀疑：小学一年级学拼音对吗？不必说中华民族的孩子入学之后最开始学的不是自己的文字而是 a、b、c，不必说过早学拼音、过多依赖拼音对学生感悟母语、接受民族文化熏陶所带来的缺欠与伤害，就从学生的年龄、知识结构来说，过几年再学拼音不是可以省时省力得多吗？这个问题这里不能细说，而且课本就是那么编的，但我还是建议薛瑞萍和其他老师根据实践进行再思考。

真心地祝福薛瑞萍：坚持下去，一定能成正果。

**张翼健**

2005 年 7 月

# 目录 Contents

## Part 1 走向平和



## Part 2 请跟我来

## 附 录

# *Part 1*

# 走向平和

# 8月 August

# 迎接挑战

2004 年 8 月 30 日 / 星期一 晴

下午很累。

旧课桌椅清出去，55 套新的搬进来。我想，就当锻炼了。刚开学，办公室里都在说闲话，还是干活的好。明天孩子们一来就坐定了多好啊！

看见我冲地拖地，同事们说我真有劲。

是的，我真有劲——整整十年，班上学生不超过 30 个；整整十年，我的学生是全校最少的。

所以我是兴致勃勃迎接挑战的。

8月31日 / 星期二 晴

大约四点就醒来，想着带领家长读书的事情，想着第一次家长会的讲话，就再也睡不着了。

下午的一年级教材培训，借口学生好多没有来，我想不去。白耽误时间、耗费精力嘛。昨天没有看书，心里空落落的。

上午找小唐（叶少华的母亲）谈话，告诉她我的“借力”计划，并且希望她能成为我的“家长学校”里的优秀学员。

下午又带来几本《教师之友》，让她体会我的教育理念。

有事经过三楼，看见小唐正趴着细读呢。

两条腿走路。一方面面向全体发信，一方面选可塑之才重点培养。

哈哈，我真聪明。

朋友建议我多给孩子听音乐以培养静气。

真好！

# 9月 September “飘风不终朝”

9月1日 / 星期三 晴

因为常州之行，赶着把《美的历程》读完了。于是自8月27日直到昨天，整整五天没有读书，心里空落落的，而且觉得有浮躁之气。早晨上班之前读了十几条的《幽梦影集》，感觉好了不少。

对于我而言，读书是一种内在需要，也是为了保持一种上升的、有活力的状态。

上午进行常规教育。感觉还行。

尽量放低声音说话，尽量态度温和，感觉效果反而好些。

机械的、琐碎的、重复的——最艰苦的，恰是最没有写头的。

这就是一年级。

9月2日 / 星期四 晴

也不要特地注意，是我的修炼到了——上课说话声音小而柔和。我的静和柔是会传染的，安静总会从一些孩子到达另一些孩子。

劳动课下来，王老师惊讶于一（2）班学生的安静。我想生源好些是一个原因，我两天来的轻柔平和也是一个原因。其实我很崇拜这些孩子，55个人，那么小的地方，光是上课能好好坐下来，就很了不得了。

试想，相同的拥挤程度，我们大人能都安静吗？

总之，我很喜欢他们。

朱翔宇跟着我从这个组到那个组，举着本子嚷着让我检查。我牵着他的手回到座位，轻轻告诉他："不要这样。举手老师就来。"

他说："嗯！"大眼睛瞪着，可爱至极。

一天上下楼就是十几趟，回到家身体都僵了。儿子问："感觉如何？"我说累。他说："衣服我来收，我来叠。"

我心里很温暖。

来到机器前。先生说："也不歇歇。"

我说："这也是工作，我上夜班了。"

三天没有散步跳绳。这是很少有的。

累，但是心情愉快，因为我当这是挑战。一年级的好处是看见孩子一天跟一天不一样，真有成就感。

第一封信也印出来了，110 份。两班一起走，多好。

我想啊，至迟到下下周，我就可以入境地看书了。那是一个标志，标志良性循环得以恢复。那才是值得骄傲的事情呢。

9月3日 / 星期五 雨

上午上班之前，读了七章《道德经》。

“不尚贤，使民不争。”低年级教师都爱搞小红花、小红旗什么的，我想：写字也好，计算也好，只要那孩子尽力了，就是好的，为什么这么早地给他们根据“作业的实体”判高低呢？那得了红花的自然高兴，那没有得和少得的呢？他们会多么沮丧！

这么早地引入竞争意识是否太残忍？不如即时地口头给予表扬或者批评好。写得好的我自要赞扬；写得不好，可是写得认真的，我也表扬。这叫因材施教。

呵呵，其实是我不想费事在先，找到理由在后。

不过我也做过的，发现做和不做，好的还是好，不好的还是不好。我想试试苏大师的“让他们投身于学校生活的洪流”。

不尚贤，使民不争。残酷的、白热化的竞争是中国孩子逃不掉的。我且让他们模模糊糊地多快乐几年。

## 美国的优秀教师

一上班就有孩子报告："姚剑强把 ××× 打哭了。"

我说："知道了，我待会儿批评姚剑强去。"

严老师很吃惊："姚剑强是你们班上的？"

"是，另一个应当是你们班的。"

"你都记得他们的名字了？"

"听名字我知道是我班的，和人对上号还要几天。但已经有不少可以对号入座了。"

"你真行。"

上午三节课。

第二节语文课上，正逐个儿检查 ɑ、o、e 写得是否规范呢，朱翔宇吐了。椅子上、教室外都是。一边拖和扫，一边招呼孩子们不用吵，放下手里的急活给他们检查。

下了课打电话让病孩子家长来，刚放下电话，上课铃又响了——第三节是我的品德课，跑着去了教室。

刚开始，一个穿着黑衣服的男人站在门口，我觉得很奇怪，问他找谁，他说："找你！"口气很不客气。我笑着朝他拱手——为了少说话，我这两天光摇头、点头和拱手了——"对不住，那要等下课。您不可以这样的！"

说完我坚决地把门关上了。

他在外面站了一会儿，就不见了，我根本不管他。

下了课，人不见了，下午也没有来。不知道什么事，不知道他是谁的父亲，我不问，也不想知道。也许，他看我挺凉的天竟然出汗了，起了恻隐之心吧。不管他。

上午放学之前在没有交费的借读生的书上写上下午家长要交的借读费。

下午上课之前收钱。

放学之前紧急通知明天教育局要查健康免疫证。一年级的小东西，怎么说得清？救火一般打印出通知单，裁成小条儿。等我冲到教室门口发放的时候，三两个孩子已经比我还快地冲出校门了！

小安（教研组组长李丽，网名“安遮那”）问：“三天下来，发现你们班有特别烦人的孩子吗？”

我说：“当然有！”

“哪几个？”

我突然醒悟：“不说，老师无论如何不可以说学生的坏话。对了，我该检讨的，刚才就不该说有讨厌的孩子。”

她笑了。我想：不但如此，我还要做到不说家长的坏话。

在美国，对优秀教师的要求是：迅速记住学生的名字；

有幽默感；不说学生坏话；不和学生关系过分亲密……

连着两节课的时候，就带着孩子听音乐。今天是第二次听，孩子趴着，比前天安静多了。我呢，坐在前面，也闭着眼睛。

听的时间长了，孩子们睁开眼，悄无声地翻书、画画、剪纸。

真好啊！

我喜欢他们，我觉得他们个个漂亮。

## 9月4日 / 星期六 阴

有班主任订立班规，具体明细到打架一次扣几分，不交作业一次扣几分。我不喜欢，我喜欢“道”这样的微妙玄通和深不可测，喜欢模糊管理。这样省劲，也更有人情味——当然，更主要的原因是前者。

无论如何做，只要学生好就都好啊！

上午写了第二封信《定能生慧》，等家长反馈意见来了，我以后的信件就可以更有针对性了。也许三五次之后就不做了呢？我也不许诺言，随兴致吧！好玩才做，有用才做。

下午读鲁迅先生的《坟》，题记让我忍俊不禁——如果我居然有“俊”可忍的话。

《我之节烈观》，结尾的话让我感动难过很久：

> 我们追悼了过去的人，还要发愿：要除去于人生毫无意义的苦痛。要除去制造并赏玩别人苦痛的昏迷和强暴。
>
> 我们还要发愿：要人类都受正当的幸福。

在自己作为强者面对学生的时候，我且发愿：

要除去于人生毫无意义的苦痛。要除去制造并赏玩别人苦痛的昏迷和强暴。

看书的中间，走路三圈，又跳绳，热汗直流。然后做晚饭。看书和运动的恢复，是值得庆贺的好事情。

这是小青（张学青）的跟帖，很值得收藏：

> 蒙台梭利教育法里，有一种静寂游戏。
>
> 比如放学排队："现在我们安静下来，我们变成了一块石头，我的头不动了，我的肩放平了，我的身子静下来了，我的手不动了，我的脚不动了，我像块石头。现在我点到谁的名，请你拿好自己的东西到门口去排队。"
>
> 老师点名的声音越来越轻，孩子排队的动作也越来越轻。
>
> 开学第一天，我去幼儿园，走过一个小班，听到里面的老师声嘶力竭地在喊着"小手拍拍肩，小手拍拍肩"，我对园长说，老师的声音轻柔些，反而有利于学生的安静听讲。
>
> 给孩子营造一个安静的环境氛围，蒙台梭利非常提倡"品性涵养活动"。

9月6日 / 星期一 阴

不自见，故明；

不自是，故彰；

不自伐，故有功；

不自矜，故长。

夫唯不争，故天下莫能与之争。

飘风不终朝，骤雨不终日。

早上读了这样的几则，真好。它们仿佛是专门为教育我而写的。

复习六个单韵母，随着声调，大幅度地挥动自己的臂，反反复复，热汗出矣——这是很好的锻炼。

几个慢孩子，偏偏不跟读，眼睛看外面，嘴巴不张开，于是走到他们跟前拧他们的嘴，一共拧了三个，他们和旁边看见的孩子的诧异的眼神，让我现在都觉得无地自容！力气不大，但是不能原谅，因为动手是可能上瘾的。我跟儿子做了检讨，儿子说：“我一点儿都不奇怪，六年前你掐门小菲……”无地自容！

我想，虽然儿子对我丧失了信心，但是我自己还要努力修炼。

下不为例，是以为记。

第二封信，说明每天大致相同的读书作业要求。严老师速印出来——太好了，先能让严老师“跟我来”，这是我开学以来最值得自豪的成就。

不自见，故明；
不自是，故彰；
不自伐，故有功；
不自矜，故长。
夫唯不争，故天下莫能与之争。

呵呵，好开心哦。

## 9月7日 / 星期二 晴

早上醒来，突然想起昨晚在电视上看见的别斯兰校园惨剧里的母亲抱着身体扁了的孩子大恸的情形，一瞬间，泪不自禁。

重为轻根，静为躁君。

第二封信反馈比第一封多，从抽查结果看，绝大多数家长跟上了。这是最辛苦的时候，多一个人多一天的跟都是好的呀。

上午教十六个“认一认”——人口手足，舌牙耳目，金木水火，山石田土。我知道学生认识的情况不同，先按顺序，再任意指点，带着读了几遍，告诉他们：“自己这样乱点了读，觉得都会的，安静地看课外书。不会的，接着读。我看见你读课外书了，就来考你。”

音乐放着，当然不安静！我的意思是让他们轻声地、用心地读。音乐起了检查吵闹的作用，他们声音大的时候我就说：“我怎么听不见音乐了？”

检查结果，看书的人中，只有三个是不能任意指认的——周子善、王涛、王新宇一直都没敢看课外书，到最后，他们也能任意指读了。我知道这不是一节课的功劳，是他们多少有老本可以吃，但是我依然很佩服他们。他们已经能跟着我，做到走出机械单调、耗时费力的一刀切，试着自己测定自己了。

越来越多的人带书来。没有的我让他们闭眼休息。

我着急上火，拍了王新宇的头，虽然不重，但是带着怒。当他终于全部认识了十六个字，我高兴且惭愧地摸着他的脸说：“用心读，眼睛不往其他地方看，你不是会了吗？这样老师就喜欢你，记住了吗？”

漂亮的孩子点头：“嗯！”我觉得更惭愧了。

不用心，眼睛朝远处看，我就可以不喜欢他吗？

下午第三节课打扫，热汗出矣。和小安议论的结果是下周就排值日。分单双周，我连着看两周。

过去的几天里，常规教育围绕一个中心词：静。讲课声音尽量小，学生读书要求用心但轻声。反复表扬完成任务之后安静看书的孩子。我希望这样有意识地反复强调，能尽早让他们懂得静是好的。

语文课的秩序已经相当好，几乎没有特地组织教学，看黑板读字和字母的时候，我的目光闪电般扫射每一个角落，发现分心的，宁可疾步走过去告诉他看黑板，也不大声呵斥。

所以，嗓子并不太累。我觉得这很值得自豪。

拼音书写有人不太好，我不着急；我想语文和数学的不同，在于语文是可以混着拖的，是可以在不求甚解中慢慢明白的。上学期我就说过：“绝不性急。”我要说到做到。只要课外阅读跟上，只要我对所谓分数有正确的认识，自己和孩子的日子都会好过不少。

家长都不愿意自己的孩子坐后排，李宋杰母亲托故人说孩子个子矮，要往前调。课堂上我拉他和前面孩子逐一地背靠背地比，问同学："谁高？"

"李宋杰！"

"谁高？"

"李宋杰！"

越往前比，学生声音越大，最后大家都笑了，李宋杰也笑了。

我说："回去告诉妈妈，老师说的，个子高，是好事情啊。"

敲出关于兴趣班和长期调课的字条，明天加上一（1）班的内容，我打印出一份底稿，然后严老师速印、裁剪了发给学生，给家长看。这样省事。

明天下午庆祝节日要到市内开会。讨厌，我宁可上课呢。

下午下班了，还和小安走了几圈，正是秋高气爽的时候，感觉真好啊！去年此时，工作负担轻得不知几许，可是人却终日气急败坏。可见人的自我调控是多么重要。

9月8日 / 星期三 阴

## 天很凉了

今天教 b、p、m、f 和 a、o、i、u 的拼读。

一个早自习，加上一堂语文课，硬是把这块硬骨头啃下来了。最紧张的是眼睛，闪电式扫过他们的眼睛，读出他们专心与否，然后点出走神的人的名字，告诉他："这是第一次，再点一次，放学不要回家！"

"为什么呀？"肖君军问，眼圈红了。教室里很安静，我轻松地告诉他，也告诉关注着的其他人："因为你不用心跟我读。知道了吗？"

他点点头，我又说："下面的时间里，如果你用心了，就可以回家。"他再次点头，之后目光炯炯，专心致志。

点了名的有黄云飞、李德昊、高尚、李玉琢、高岩松。

点名很有震慑作用。我用目光抓住目光，同时提醒："不要大声喊，用心就行。"

紧张的是左右胳膊，八一拔一把一爸，大幅度的动作，使我不发声就让孩子知道了声调。站起来读错的，我还是不说话，只是一次一次地比画声调，于是他知道了。

右臂酸了换左臂。上班出门的时候还想，今天该穿长袖，一个自习下来，汗又出来了。我当是锻炼。

嗓子倒不太累，只要教两遍，总有聪明的会了，就由他们大出风头地带着大家读。

《基础训练》在教室里完成了，逐一检查对了才回家——下课，也就是放学的铃声响了，我关上门窗："没下课，完成作业才回家！"

哈，我也拖堂了。没办法，学生回家后如何保证作业质量呢？不能什么事情都让家长做呀。

过关一个，给一张关于调课、兴趣班报名事宜的小字条，轻轻说一句："放文具盒里，给家长看。"

高岩松要拿小条儿，我说："对黑板站着，知道为什么吗？"

他摇头，我相信他是真不知道。

"你被点了两次名。"一边看的人吐了吐舌头。

于是他老实地站在那里，大约十分钟之后，让他走了。

都查完，关了门窗电灯出门，高岩松的母亲来了，问是不是孩子上课不专心。她说让我狠抓，说放学回家要说他。

我说："已经处理过了，你不要听见孩子们的报告跟着着急上火。没什么的，该让你知道的事情我会告诉你，像这样的小事情，教师已经即时惩戒过的，你最好装作不知道。被严密看管和双重监视的感觉，是很让孩子沮丧的，只会抵消我的教育效果。”她释然了。

## 草地上

下午我和小安坐在草地上，说了整整一个小时的“课”——

让学生对着书自己读的时候，我说我要逮那不专心的人和读错的人。他们有点紧张，这紧张是必需的。其实我的眼睛是平视的，我根本没有看。因为我知道必定有几个孩子一时不会，我看见了必定着急上火，着急上火的结果必定影响其他孩子的正常拼读。明天还要复习的，今天不会明天，明天不会后天，拼音不过是个拐杖，迟早是会的，何必强求一致？数学我不懂，语文尤其是拼音是可以慢慢混的。

从前一个一个来跟前读，读正确了才回家。这种事情我现在不做了。到了放学时间，孩子又急又倦，白耗时间，不如让他回去，明天回过劲来兴许就会了呢？更重要的，是没有一下子让他觉得语文很可怕。

有家长在回信中建议听写字母什么的，以检查学习效果，因为同样的原因我不会做的。才学几个字母，就让他们分出三六九等，太无聊太残酷了。

如果照我的心意，六年都不用考语文，就这么高高兴兴地读读写写，未必比现在的方式来得差。

以我二十多年的教育经验，我坚信，没有差的孩子是因为教师的补缺补差而根本改变学习状态的。除非那孩子因为说不出的原因突然发生了思维的苏醒。所以，我同意苏大师的话，与其补课，不如让他多读课外书，疏通思维的通道也许会好些。

当然，这又是语文。

上午小安又问我有没有反应特别慢的孩子，我就没有回答了。我比昨天进步多了。实在有调皮的，我也不说讨厌，我说那个不十分可爱的孩子！就像看电视，碰到厌恶的节目，我不说讨厌，而说我不会欣赏。你还别说，当语言和缓的时候，心情也好了。正如朋友燕说的，一句刻毒的话出口，也会在自己心灵上留下划痕。我相信从这届学生起，我的修炼水准会大大提高。

上午因为急，拍了一下桌子，这是开学以来第一次。那难听的声音，应是对我劣根性的警醒，而不是一个坏的开头。

夫物或行或随，或嘘或吹，或强或羸，或载或隳。是以圣人去甚、去奢、去泰。

说得多么好啊！要承认差异，辅导弱孩子，以不伤害他对学习的信心为前提。以沮丧和自卑厌倦为代价的“今日终于懂得”，其实是竭泽而渔。能含糊的尽量含糊，不到万不得已，绝不能以任何方式告诉他：你是不行的。

开会回来，看见家长都在热情洋溢地买《365 夜》呢，那学前教育搞得好的，都把日记启蒙读一半了！

可见信的效果还是大大的。可见我儿子的作用还是大大的。有课外阅读作为后盾，我才不着急呢。

我又兴致勃勃了。

## 9月9日 / 星期四 晴

做好早饭又上床，六点半儿子出门。

连着两天早上没有读《道德经》，因为觉得头脑不清爽，疲劳没有消除。燕说得对，读书和人生的关系不能本末倒置，不该勉强自己的。

上午早读，给他们区分声母 b、p、m、f、d、t、n、l 和音节 bo、po、mo、fo、de、te、ne、le；区分拼读和直呼，否则家长无法“辅导”完成作业。我估计很多家长都弄不清楚，要孩子先告诉他呢。

第一节课打印出 110 份的致家长信。第二节思品，先上半节思品课，再听《小龙人》磁带——效果比《春江花月夜》果然好了很多。我让学生趴着闭着眼睛听，我自己也闭着眼睛，用一个手指点着拍子认真地享受和倾听——不看他们，但是感觉得到他们也很享受。休息之后，再带着做《基础训练》二、三题，先读再写。

第三节语文课，继续战斗。再听《小龙人》两遍，一遍之后，教室里鸦雀无声，我轻轻念出歌词：“天上有无数个星星，那个最小的就是我。我不知道我从哪里来，也不知道我在哪里生。地上有无数个龙人，那个最小的就是我。我不知道我从哪里来，也不知道我在哪里生。”就这几句，之后到闹腾且播放效果不好处就关了，孩子们听歌词很专心，再听歌，安静。

然后，带着做《基础训练》，发信。读的时候分神的自然要点名，点了两次的有四个人：李旭冉、李玉琢、王艺伟、鲍秉轩（第二次不带书）。告诉他们，放学之后在黑板前罚站五分钟，再点一次，站十分钟——他们肃然。大家肃然后，再按座位顺序给 55 个孩子标记序号。

下课了，四个小家伙站了五分钟。问他们为什么站、以后该怎样，开始他们说不好，两三次之后说清楚了。放行。

回到办公室排值日草表，将具体任务落实到人。分单双周，还要把单双周的日期写清楚。

中午，在床上辗转反侧，一个多小时也睡不着，我想这必定是话说得太多，伤了肺气。想想《菊与刀》中“人不是必须睡觉和按时吃饭的”，给自己鼓劲。

下午第一节课排出值日表，学生在上音乐课。将生字卡片和《口语交际》发到每人桌上，贴好了值日表，等他们来教室，看他们都把新书装进书包。

9月10日 / 星期五 晴

上午读了一章《学会关心》，然后发疯似的扔东西——高压锅、枕头、微波炉附件……然后看家里哪儿哪儿都脏乱得不能忍受，尤其是多年没有清扫的音响的背后。

我想我是病态发作了。

一觉醒来，现在好了许多。

“归去来兮，田园将芜，胡不归？”我种的是自己的园子吗？我有自己的园子吗？或许因为那里曾经疯长的荆棘刺得我太痛，我有意丢掉、远离了它？一恸。有莫名的伤感，因为知道无人可以安慰，所以不愿被人打扰。这份苦，我且独自咀来。

9月13日 / 星期一 晴转阴

为了妈妈，山高我不怕；
为了妈妈，路远我不怕；
为了妈妈不怕风来吹；
为了妈妈不怕雨来打。
我们一起去找妈妈，
我们一起去找妈妈。
啊！
哪怕找遍海角，
哪怕找遍天涯！

听电视剧《小龙人》的插曲《为了妈妈》。

我们的录音机杂音大得让人心碎。借来英语老师的录音机，效果果然好了很多。然后上语文。

听适合的音乐真的是休息和调剂的好方式。

然而“辣手”——比如点名和罚站还是要用的。

今天首次值日，因为责任到人，具体到每人每组的地面，所以等我看了几则《幽梦影集》去瞧的时候，六个小东西已经忙到接近尾声了。

明天起，我每天提前将地面洒水，然后他们扫，更好。

小安说得对，一要责任明确，二要慢慢加任务——就像现在对于行为规范的要求，相当长的一段时间里，我只强调安静一条。等这一条入他们内心，真正成为班规了，再提其他的。样样都抓，必定样样抓不起来。

洒水之事，下学期加。擦门窗嘛，我根本不放心上。不清洁就不清洁！我和孩子舒服就行。

教育没有可以普遍适用的所谓规律。富有魅力和人性的教育，永远是这个教师——这个班级——这个孩子——这群家长的一对一。

9月14日 / 星期二 雨转阴

上午读完了《幽梦影集》，这书有闲趣无深理，糟粕也多。

下午一上班，校长说："我想听你的课。"

"好啊，第二节就是，你去吧。"

教学以 j、q、x 为声母的音节，主要是直呼。

指着黑板上先写好了的"小 ü 看见 j、q、x，摘掉墨镜行个礼"。

"我知道你们有人能读出来。谁带我们念？"

韩玉琤、马静婷、李卓然几个站起来顺畅地读出，大家跟着读。

看书上插图，知道了小 ü 懂礼貌。j、q、x 来看他的时候，"摘掉墨镜行个礼"。

"j、q、x 小淘气，看见鱼眼就挖去！"有孩子在下面说，"我爸爸教我的！"

"'j、q、x 小淘气，看见鱼眼就挖去！'——你喜欢吗？"

有一个孩子说："喜欢！"

"为什么？"说不出。

姚剑强说："不喜欢。挖了鱼眼，小鱼以后怎么活啊？"

进行了一番爱护小动物、不能行残忍之事的教育，擦掉黑板上的字，手指划过曾经写了字的地方，他们大声地、整齐地读道："小 ü 看见 j、q、x，摘掉墨镜行个礼。"

然后是先看板书，再点着书上的读音音节齐读、分组读、个别读。高声的时候提醒声音平和，声音柔和的时候告诉他们："老师喜欢这样，这才是用心的样子。"

任务完成一半了。

"闭眼。趴着。"孩子们很享福地笑了。拧开录音机，是已经听了好几遍的歌，有几个已经能轻声跟着唱了：

为了妈妈，山高我不怕；
为了妈妈，路远我不怕；
为了妈妈，不怕风来吹；
为了妈妈，不怕雨来打。
我们一起去找妈妈，
我们一起去找妈妈。
啊！
哪怕找遍海角，
哪怕找遍天涯！

第一遍，倚墙站着，闭着眼睛专心享受。第二遍，我将《基础训练》上的作业内容写到黑板上。

关了机器，孩子们回过劲来，眼睛也亮了许多。我深刻感受到：这和歌中的“妈妈”关系甚大。孩子和妈妈啊！我情不自禁地说：“我们做作业，如果妈妈看见我们这么认真，该多么高兴！”

于是高高兴兴进入下一个环节。

下课了，我逐个检查作业，同时对校长说：“这是唐敬的机器！我们的三个，两个没声音了，一个吵得人心长毛。”校长说：“跟后勤说，给你们买！”

哈哈哈哈！

我还准备自己买机器呢，看来以后我顶多买磁带就行了。

看来校长说的“饱耳福”不是虚言。她看见效果，被音乐带来的一年级的安静感染了。

下午看完了《学会关心》，也许有一天我会写出心得体会来。总之收获很大。

下班前照例和小安聊天。我告诉她：

“虽然校长说课很平和，可是我自己知道，这两天的状态还是急躁了些。声音不由自主就大了，呵斥次数也多了，一两个特别慢和不知道听讲的孩子，我还拧了他们——这纯属泄愤的不理智行为。刚开学，他们能自己玩、不扰人就很不错了，以后复习的日子长着呢，他们大可以跟着混的。要不，就该给他们配一个安静又有能力提供帮助的好学生，怎么都比我的穷凶极恶要有效得多，也美观得多。如果有另一只眼，真不敢看自己当时的丑陋与凶恶。

“凭什么要求所有小孩子都聚精会神跟着我学枯燥的 ɑ、o、e？这怎么可能？是我白痴还是他们白痴？

“想来想去，都是这两天偷懒，没有读《道德经》的原因。

“明天一上班，你就提醒我：不要着急，不要生气；要微笑，要温和。训斥的次数多了，就没有效果了，教学和班级管理就会陷入弹药补给不足的狼狈状态，最后山穷水尽、弹尽粮绝。焦头烂额又不得善果的，必定是这个愚蠢的教师。”

来回奔忙面批作业的时候，朱翔宇又大喊“老师老师”，我喝道：“什么事？”

“老师你刚才踩到我的脚了！”

“对不住！”说着话的时候我背对着他，给另一个孩子画五角星。

“没关系！”他清脆响亮地回答。

我想我该转过身去认真说出那三个字的。那么好的一个展示美好形象的机会——可惜了。

呵呵。

一句如雷贯耳的著名口号，从来不在班里喊。什么时候可以送给自己？

“棒棒我真棒！”

必定要到那一日——从早到晚，一次都不生气，一个名都不点。

孩子们，让我们一起努力。一起成为“真的真的很棒”的一家人。

我们理应是一个大家庭。

疲惫不堪的晚上，自己给自己打气。但这，绝对不是兴奋剂。

9月15日 / 星期三 晴

夫兵者，不祥之器，物或恶之，故有道者不处也。

教师的不祥之器是什么？怒！我在道上的修为，还差得太远。

上午开始读《生活体验研究——人文科学视野中的教育学》，这书十分难懂。到下午，终于遇到一段清浅诗意的文字，兴致勃勃读给小安听，小安听得头都大了！

“这么多的学术术语，简直是绕口令。这还算是好懂的，实在读不进去，就放一放嘛。”她说。

“哈哈哈哈，要这样才有成就感啊。《读者》一天看十本我也没有成就感的。”

分组读，读得好时，我给他们鼓掌：“一、二两组，掌声三下！”于是三、四两组摩拳擦掌——争取能得“掌声四下”。

赢得掌声的，是我喜欢的温煦儒雅。读完了，都看着我，教室里是一片等待中特有的安谧。宁静中，我珍贵的掌声响起来——清脆、快乐，极富感染力。这是我们都喜欢的时刻。

几排直呼音节赫然书于黑板，这可是一个严峻挑战！当他们读得整齐、正确、平和，以稚嫩的童声赋予那最为枯燥的zu、za、cu、sa、ci、su、zi以生命的柔软与灵动的时候，我幸福的耳朵啊，竟从中品味到了诗律。

我陶醉了。随着节奏，情不自禁地，一次又一次向他们伸出大拇指；同时，另一只胳膊起劲地比画着四声的调号，脚步一点点挪动，整个身体也在有节奏地起伏——于是他们都笑了，一张张小脸，是为我一人盛开的花朵；于是那声音，更加好听了。

就这样，一种默契、亲切和期盼，在师生之间生成并回流——那就是：我们都希望能以自己的努力使对方高兴，都为对方的高兴而高兴。

这是我的舞蹈时刻。

这样的时刻，是独属于我们师生的；只要我努力，这样的时刻，是可以越来越频繁地复制的。

可是，一有人看的时候，佐藤学说的“干巴巴”就来了。那是或多或少的游离感，而且就是当时知道了也没有用。现在我明白了，不是不能看，是“润泽”的程度——其实就是教师自己润泽的程度还不到。

呵呵。悟道后，砍柴烧水。

所以，再苦再累，我也要从头开始，自己一手一脚往上带。这种一天一个样的感觉，跟儿子在婴儿期的感觉是一样的。

这种感觉，只有在一年级第一学期才有。

下午开会。唐雅馨、高岩松几个趴在会议室窗口探头探脑。

“打扫去。”

“扫好了！”作为负责人的唐雅馨，仰着她的一张干部脸，很有派头地一摊双手。

“哦？”我吃惊不小，“门窗会关吗？”

“关好了！”小而白的干部脸上，洋溢出孩子气十足的得意，“我家的窗户也是这样一扒一扣的！”

“老师，你不是说要检查的吗？”高岩松问。

“老师要开会。明天早上查。”

“耶——”欢呼一声，他们飞下楼去。

我简直有点崇拜他们了——才十分钟的样子啊，动作真够快！

就为这份齐心协力和高效率，我明天一定记着表扬他们。

9月16日 / 星期四 晴

《生活体验研究——人文科学视野中的教育学》，加拿大马克斯·范梅南著。

味道跟啃石头一样。可是我一定要生吞了它才看其他的。现在，唯有读书让我觉得是休息，听音乐也觉得吵人。

已经有一次下课了还没有还录音机回去，害得唐老师英语课没有录音机，自己也不好意思了。

就是觉得觉不够睡。

兴致勃勃不好，兴致勃勃是燃烧的状态，是不正常的，是不能持久的状态，对自己伤害也大。

飘风不终朝，骤雨不终日。孰为此者？天地。天地尚不能久，而况于人乎？

今日为主题更名——心平气和的一年级。

发现张芫玲比后面的女孩子高一点，于是让她们调换座位。现在她的同座是施俊瑞。下午，张芫玲的妈妈提前来交保险费。找过钱后，我说："您可以离开了。"

"我想问一下孩子的表现，中午她告诉我，今天上午换座位了。从前她跟叶少华坐得好，可是和现在的同座刚坐了半天，就讲了两次话。"

我笑了："顶多是在一堂课里。第一节是我的，没有问题。第二节数学，第三节，那都是体育了！张芫玲是个很好的孩子，希望你们不要过分敏感。"

"我们也知道，在班级里要严于律己，宽以待人。可是我们家孩子的自控能力一直比较差……"

我又笑了："看来通信还是起作用的！既然家长认同这一条，此后的话都好说了！"

我说："对周围环境过分挑剔，就是一种能力差的表现。和叶少华坐得好，换一个人就不行了，那有什么？交给老师教育就是了！金佳岷、李卓然，和原来的同座相安无事，因为个子的原因，他们成了同座。好家伙，我的课上都打起来了！家长也要求分开来——可是，在我们教师眼里，问题及早地暴露出来，那是好事情，孩子越小越容易调教啊。我给他们狠狠一通整，只两天工夫，又是一个相安无事！

"这是什么？这就是进步啊，比多考几分还可喜呢。不经历调换座位引发的纠纷，哪里来的成长机会？相信他们以后都会比从前更能自控，更受同学和别的家长的欢迎。

"来学校不光是学知识，也是通过和各种类型的同学的交往磨炼培养自己。磨合、纠纷、挨罚，都是成长的必经之路。如果你的孩子能力强且品行好，那她自然会成为教师可以依赖的助手，在学习之外，她的综合能力会得到很好的发展；如果你孩子的自控能力差，她学习状态的好坏，完全取决于周围孩子，那么她的成绩不过是温室里的娇花，除非有奇迹发生，迟早，她会遇到考验性的环境。到那时候，再培养自控力，恐怕也迟了！

“上课是否专心，同学是否友爱，你为一个孩子操心的，也是教师为了 55 人大班的安定团结而操心的！每一个孩子课上课下的表现，我比你还在意呢！过于敏感，其实是对教师的不放心啊！”

“不是不是，我真的不是这个意思。你这样讲，我们就放心了。”

“对，不要对孩子盯得太牢。在学校的表现，有我们呢。需要的时候，我们自会找你的。像你家这样文文弱弱的小姑娘，需要的恰恰是放手而不是过分呵护。”

9月20日 / 星期一 阴雨

小学一年级有几个语文教师在兼思品课的时候不占用思品课课时呢？我是占用的，很惭愧。去年是语文版的教材，难度大。自然课没有教材，两位语文教师也没有舍得给自己减课时——是她们闲吗？不，是没有办法啊。我们减掉了自然。下午大半节思品课才连了大象和海豚两个图，这教学效率也太低了。

测验之前要教孩子们做题。有两套卷子，小安建议我发一套给家长辅导，我不放心。职工里一部分家长没有能力也没有心思弄孩子，至于农贸市场的菜贩子，基本不能指望。到了中年级之后，哈哈，我才不理睬测试卷呢。

除了书下面四线格里面的声母，我没有像上一届似的让他们写音节。一（1）班写了，我知道。加这一项作业，就得把我累死急疯！想了想，决定还是不做。因为我知道，现在焦头烂额、强记硬塞的东西，日后慢慢也能会的。我性情暴躁，为了安全起见，我也不敢太负责，免得使自己心急上火，发生暴力事件。

我虽然口称轻松，但朋友们还是一再劝我“不急”。我觉得很温暖。是的，我不急——我让他们慢慢混熟，同时也是为自己心情好，有兴致看书和做自己的事情。

明事理是为了指导行动。既然我知道低年级考试很无聊，知道现在考试中的很多得分点其实是伪知识，为什么害人害己？顶多说我教不好。我说过，我的成绩是要用六年为时段来考量的，而不是分数。

这个周末，卖命一样累啊，终至于累到梦见自己一心一意要睡觉，梦里怎么睡都睡不足。常常是听见了喇叭或者铃声，在魇的状态中硬挣着醒来。

读《拯救与逍遥》。

熬吧，毕竟是第三次带一年级，多少有数——只要我把分数和统考名次看淡，也就是树立了真正的责任观。这对自己对学生的长久发展都有好处。

当初我们儿子，可是日日清，绝对不留学习尾巴拖到次日的。我可不容自己孩子“慢慢混熟”。每天有每天的新知，当日清和日后通哪里能一样呢？做教师的只要个总体差不离，具体到哪个孩子的情况，那就看孩子的天分和家长的行动了。我发出了口令，他不跟，有人跟，于是有了快慢优劣的差别，这是自然之理，也是公平之事。

9月21日 / 星期二 阴

### 关于第一单元测验的通知

一（1）班星期四下午一、二两节课考试。

一（2）班星期四下午二、三两节课考试。

复习十分紧张！教师只能在课堂上带领学生完成一份测试卷的练习。现将A、B卷发下，家长任务：星期二完成并巩固A卷内容，星期三完成并巩固B卷内容。星期三、星期四上学时将卷子装在书包里，教师在课堂上检查订正。

家长签字。

回执于星期三上午让学生交来。

一年级教师

9月21日

算一算，每个单元测试卷共有五份，都由我手把手教不可能啊。终于发信如上。

一（1）班《基础训练》基本都是回家做的，我的一直是在教室面批——口头说“好了”，学生装进书包，至今没有收上来用笔改过。这样效果更好，接受情况也整齐些。

上午一节课，一张卷子做了五道题。都是先读题，懂得意思、明确答案之后，一整题地做。速度当不为慢。有此基础，放学生回家由家长带做才放心。

我想，家长三分之一不理睬或者没有能力做，三分之一积极行动，三分之一勉强跟着拖，是自然的事情——这就是合格、优良产生的原因啊。我要做到的是，分内之事圆满扎实地完成，竭尽全力不让一个学生掉队。原本，孩子与孩子之间的竞争归根到底就是家长素质的竞争。

呵呵。如此一来，考试之前，我没准可以教第三课的识字呢。

要承认学生之间的差异，不强求一致，也就意味着直面家长素质的差异，不强求一致。参差多态啊！

上午、下午两堂课的卷子讲下来嗓子破了。

录音机买回来了，共三台。这说明：要想提要求，先做出效果来。

呵呵——我居然笑得出来！

9月22日 / 星期三 晴

来了三张条子。一、胡婧怡家长来条问拼音疑点；二、李德昊家长反映一（1）班孩子围攻李德昊；三、刘月辰家长告知孩子理解题意不行。在班上答复：一、早操时候处理；二、电话沟通；三、告诉孩子母亲孩子听课走神，说得比较重。

上午两节课复习，单调而且紧张，刘月辰表现却好。放学时候，小女孩又送来一张字条，竟然是她母亲写的信！很感动。

上午下班之前，小安读苏霍姆林斯基的“阿辽沙”给我听。我说：“我盯那几个上课走神的孩子是否盯得太紧了？被监视的感觉确实不好，而且坏自己的情绪和其他学生的学习状态。谢谢你的提醒。我要适当放松。”

下午复习，学生老偷眼看窗户，一只蝴蝶在撞玻璃呢。我说：“放下书，我们一起看吧。”同时打开了门，在心里期盼着。终于，飞虫出去了，学生们笑了，我也很高兴——重新学习“滴——敌——抵——帝”。

《拯救与逍遥》，默看十分痛苦，一堆神学和哲学术语的乱麻，可是听小安一读就明白了。在我看来，这本书的一大好处就是没有逻辑性，随便从哪里读起都行。

就这么着了！再见之前我说：“今日为记，我部分地回到了从前。”

“为什么是部分？”

“从前我拿工资净自己读书写作锻炼了，哪里在班级和教学上认真用心？现在苦了！”

“以后会好的。”

我相信，因为家长启动了。

9月23日 / 星期四 晴

第一单元测验，刚改出来。为的是明天和信（七）一起发下去，让有心的家长利用双休日给孩子补一补。如果他没有那份心，我是挣死也没有大用的。

满分不少，不及格两个。好和不好都归于家长，我再也不会像上届那样一个一个地扶了，一是健康代价付不起，也不值得；二是怕急躁之下出安全事故。无论如何，没有人因为有孩子考不好告我状的—— 呵呵。

觉得从来没有的累，觉得自己是涸辙里的老鲋鱼，焦得很。做梦老梦见欲睡不得，每次醒来都是挣着起来的。

想想儿子四岁上学受的那份罪，就不太心疼这帮孩子了。心软做不得“大夫”啊。呵呵，我觉得自己笑得比哭还难听。

我也了不得，累死累活八小时回来，除了必须做的家务都泡在电脑上了。也不知道，这份疯劲能维持到几时。

顺其自然吧！

9月24日 / 星期五 晴

下午订正，到下课铃响的时候，还有几个孩子不会——是那题意对于他们太过艰深。此时，我的忍耐和他们的接受力都达到了极限。于是我和颜悦色地说：“回去，让爸爸妈妈教你。”那孩子高高兴兴出去玩了。我则逼着自己高高兴兴记下这些东西，算是倾倒垃圾，疏通自己。

没有孩子必须掌握的东西，教师和他们的爹娘都是被逼无奈。不同的是，教师只要说服自己接受差距和层次、说服自己不强求一致就行。对于教师，班级才是一个整体，好、中、差存在距离是正常的，有一批成绩优异的就 OK，就可以也应当放过自己和吃力的学生了——敲出这些句子的时候，我觉得自己好卑鄙！因为我眼中，没有了具体的人。但是，我眼中“有”他（她）的前提，是先让自己有。

至于家长，将心比心，谁甘心自己的孩子落后？

既没有丧失柔软，又不能挣脱考核体制的束缚，每天都在“成绩”和良知之间挣扎。每天就经历几度急躁和懊悔的炙烤。痛苦，谁来解我？ 煎熬啊，污浊啊，活在沼泽、文火里。

张悦媛母亲来，笔顺那题我昨天改的是对的，今早发昏，复查的时候又判为错了。真对不起孩子。而且，这样改对为错的，肯定不止一个。

想到此时此刻，不知道有几个孩子在挨打骂、有几位家长在百思不得其解，我的心情无法好起来。主要是因为前者。

我忘不了儿子第一次期中考试语文成绩为 84 分，这份不能忘记，恰恰证明了我也不能解脱的紧张和过敏。我是忙得昏了头啊，不可以原谅的。以后一定要细致。

9月25日 / 星期六 晴

睡觉真舒服啊!

9月27日 / 星期一 晴

老爷爷仙逝之后，备受呵护的花木也萎了。这样的事情我不以为是捏造——乔冠华去世后，他院中的梨树不就死了吗？草树尚且可以感知爱的存无，而况人乎？

想想我看那些不爱学习、不守纪律的孩子一贯的眼神，此刻惭愧得不行。覆水难收啊，到哪里收回我曾射出的憎的毒刺？是的，孩子是敏感的，我对他们的一贯心态，他们岂有不知？但问耕耘，莫问收获——人生命定了是有欠缺的，谁保证你付出就一定都有回报？

我该这样想：如果不是我的教育和约束，他们会更愚更野。那样不就很有收获感了？而且，当我为自己的劳而无功而恼羞成怒的时候，我把那些勤勉乖觉的好孩子置于何地？

没有一个孩子不是抱着一颗学好向上的心来学校的，只是各人的能力、悟性、基础、家庭环境所给滋养不同。他们把无限的信任给了教师，教师应当对应他们的心愿，而不是根据他们呈现出来的优秀度，回报相同的信任。一旦承认了人生的缺憾、先天和成长环境的差异，爱就无等差了。

这样回味着，今天的心情平和了不少。

教复韵母 ai、ei、ui。做《基础训练》的时候，放学了依然是那几个孩子一错再错——硬是不会将给定的词语音节填在相应的图下。

呵斥着，语速极快地指正。他们战战兢兢地点头，使劲擦去辛苦写出的错误答案。铅笔头在纸上犹豫着，我知道，由于心情紧张，由于大脑疲劳，由于已经放学，大伙儿都走了，只有值日生在砰砰地忙碌，他们已经没有了“懂得”的余地。

我急什么呢？语文不比数学，有课外阅读做暖窝，生柿子是可以慢慢捂熟的。如果我现在硬要张嘴入肚，那份苦和涩，是自找的。

“告诉一个人，你的辛苦全然是徒劳无益的。这样的话，即便是对于一个成年人，也是令人羞愧和沮丧的。”

于是我让几个好孩子，一对一地给他们讲。看看，那几个孩子讲得多么认真和细致啊，还主动伸出小手帮同学擦掉错误答案；听讲的人呢，也格外地放松和入境。

“你听他的，按他说的做。他说行了，你就回家。”

于是，我回办公室了。我没有理由不放心，因为我把那几个孩子交给了比我好的老师。

我读初中的时候，很喜欢给同学讲题目，儿子到现在还有这个爱好。

“讲着讲着，有时候会发现新的更好的做法，有时候发现自己对题意的理解有偏差——教同学其实对自己的巩固和提高很有好处。”儿子这样说过。

以后就这么办了。

把事情告诉了小安。“我本性情暴烈，尤其需要这样的提醒。”

是的，生来具有德行、智慧和宁静，实在是难得的福报。我这无福的褊狭狂躁之人，只有经历痛苦、努力修得了。

9月28日 / 星期二 晴

下午的语文课上，不知道为什么，孩子们心浮气躁。检查《基础训练》，又是到下课还有一些人没有过关，王新宇在他们中间算完成得早了，基本不听课的朱紫晖照旧不会写。我说："王新宇，你教他去！"

"耶！我教去了——"孩子欢呼着去了。

同样是荣任小老师，考满分的王辰伟是这样教王涛的——拿过橡皮，将错误答案一气擦干净，然后拿来笔，一边说一边写，不一会儿就"教好"了！

王涛兴致勃勃地举着本子给我看，我笑着说："好，你玩去吧。"

5点到家，累得要瘫。躺在床上想睡却睡不着，突然想到学期评语。55份啊，那是一件令人头疼的事情！突然想到：为什么不这样做呢？每人就给一则日记，主题叫"你在我心中"！哈哈，我可真聪明！

7点钟，儿子回来了。我把想法告诉了他。他说："这很好。小孩子们和爸爸妈妈们一定喜欢。我们最讨厌遵守纪律、热爱劳动、团结友爱之类的了，老一套，烦人！"

"儿子，你知道吗？当我决定这样做的时候，突然发现除了几个宠儿，大多数人我根本讲不出一个可爱的小故事！是没有吗？不，是我没有看见，是我没用心。朋友说得对，55 个孩子，55 本活生生的书，丢开他们，我读那些艰深的哲学、文学、教育学的东西，有什么意义？我是要紧贴大地，‘改邪归正’了。这样决定了，就逼迫着我留神发现每一个孩子的闪光点。现在到学期结束还有三个多月，一人两则——难度不小呢！可见我从前的爱学生，是多么的空洞。”

从今天起，以日记形式，为他们建立个人档案。

9月29日 / 星期三 晴

上午教学 an、en、in，效果很好。

做《基础训练》了。我让他们把笔放下，一题一题地读、讲。然后让他们三道题按顺序一起做——时间省了，秩序好了，省了我屡次喝令安静的累和屡次等待慢孩子的急。

讲题目的时候，晏楚芸老想捉笔抢着写。

“晏楚芸！”我的声音并不大。

小姑娘吃了一惊，立刻放下笔，瞪大了一双圆眼睛定定地看着我的眼睛。我知道，如果我不先挪开目光，我俩将一直含情凝视下去。瞬间，我有了一种恶作剧的心理，就这么扭头看她，她呢，依然目不转睛地看着我——趁大家没有注意到我们的“六目相对”，我赶紧服输。半分钟不到，又瞄一眼，晏楚芸心有灵犀，立刻和我对起眼来。我在心里笑了：“相看两不厌啊。正所谓，百炼钢化为绕指柔！”面对这样的孩子、这样的眼睛，刚硬如我，是很难坚持的。

下午教 un、ün、yun、yuan，一样写一排。下课了，还有两三个慢孩子在写。晏楚芸也在闷声写，可是我记得她的作业我已经检查过，而且说过“好”了。

忍不住好奇的心，伸头去看——嗬，原来她是擦了重新写呢。

“嫌不好看吗？”我问，同时觉得自己很白痴。

“嗯。”她没有看我一眼，我却发现她的手破了，食指上裹着创可贴。于是决心把“白痴”进行到底：“你的手怎么了？”

“破了。”她依然没有看我一眼。

我好没趣，讪讪而去。

哈哈哈哈，此种快乐，只有一年级有哇！

朱紫晖第五个完成任务，而且全对。真高兴啊。

下午他写完作业，安静地，一个字一个字地读儿歌呢。我大声地表扬了他。我知道：上周和他母亲的谈话发生作用了。

一年级，关于常规教育，要做的事情很多。我的看法是，一段时间抓一个重点，让“这一点”成为深入人心的班规。“伤其十指，不如断其一指”“集中精力打歼灭战”，这是我读《毛泽东选集》之后牢记在心的。我对小安说过，要用至少半学期的时间，利用一切机会一切手段，强化一个观念：安静。

这是因为班级人多，男生多，而迫不得已的决策。我说过，没有抽象的和普遍适用的所谓教育原则，教育永远是一对一的对应。如果班级人少，如果都是文文静静的女孩，我就会用心让她们动起来——那，才是我最愿意做的呢。

看过了，我照例一声很轻的“好”。

“好！”王新宇大声地重复了，笑盈盈地将本子装进书包。

快放学了，黄云飞才写完。他的字母写得真漂亮！

“汉语拼音的句号怎么没有加？就是小黑点啊。”说着，我顺手给他点上了。

走过去，一回头，他正在擦呢。我知道他嫌我随手点的句号不好看。转过来，一看，不禁惭愧——那两个小黑点，真叫圆。

我的课又开始飞了！

下午教un、ün、yun、yuan，一样写一排。

聂大伟的字不好看，我把两个整体认读音节给他各写了一个样子，让他照样子写。

于是这孩子就埋着头，写啊写啊，十几分钟过去了，直到下课还没有写完——还不肯抬头。我不舍得离开他，就在教室里走来走去，时或看一眼，写得比之前漂亮多了。

四围的孩子在玩，他就像在另一个世界里，我悄悄驱走嚷嚷的小朋友，让他们到一边去玩。看看快上美术课了，忍不住心里的喜欢，我对着他的耳朵说：“就这样啊，上课了就好好画。回家接着写。”

“嗯！”他依然没有抬头。

于是我回办公室，回头又看了他一眼。

按照惯例，写好的人自己看书或者画画儿。王艺伟兀自读儿歌，她读得很好。也有很多孩子画画儿，在他们的笔下，我看见了长翅膀的西瓜、带轮子的柿子和肌肉鼓鼓的黄瓜……多么有趣，可惜我的简笔画不行，否则……

上午只顾发帖，下午才看见萧玲（王丽琴）的信息：

从一个星期前在网上邂逅你的帖子开始，我就进入了三个月来最兴奋的时期。我查询了你在这里的所有记录，剪贴了你的“心平气和的一年级”，打印成精美的小册子，开始分送给我身边的朋友。甚至昨天在看望一个骨折的朋友时，我也花了一个多小时的时间以宁静的语速给她朗读了一遍。喜欢这种被震撼的感觉，更喜欢你用的许多“心平气和”的词语，让我这个曾追踪一年级孩子教学秩序成长过程一年之久的所谓专业研究者，也从研究的焦虑、上火中平静了许多。谢谢你！也请求你允许我继续分享你的历历感受，祝节日快乐！

顺便问一句，你也是江苏人吗？我感到你们用的教材也是苏教版的，如果离得不远，我渴望能结识现实中的你！

忘了自我介绍了：我在江苏教育学院工作，是南京师范大学的一名在职博士研究生，目前正痴迷于课堂教学秩序的研究，特别关注一年级教学秩序的生成过程。有兴趣的话，我可以把一年来的研究初稿邮给你，我相信我们能在交流中获得更多的快乐。

我的年龄大概比你小一点，儿子刚上二年级，但从你的交际记录看，年龄、学历等应该都不是问题吧！也许我是太急了点，这不太符合我以往的个性。如果让你感到有那么一点不自在，只是因为我目前似乎进入了一种类似“单恋”的状态。让我们慢慢开始吧！

连读了两遍，我的眼睛有很温热的感觉。其实，我不是自己以为和希望的那样喜欢清静和孤独。

9月30日 / 星期四 晴

久未下雨，天干人躁。从空气到内心都有尘土飞扬的感觉。

上午小安听我的课。

先从复韵母开始复习——也就是读书，大约读了20分钟。也许是感情作用吧，在我听来，很单调的内容，他们竟然读出了韵致。一课之内不能读得整齐、顺畅、平和的，必定要返工。这要成为不成文的深植人心的学规。

表扬王方波，其间他猛地喊了几声，立刻将声音调整到柔和的状态。我对他，也是对大家说："柔和的才是用心的。既保护嗓子，又读到心里，还不吵人，还能得老师喜欢，多好！"

以前说到这条，必定有孩子学着我的腔调说："老师吵昏了！"还有人同时做晕厥状。

可是这次呢，只是笑了笑，复将目光投向小小食指所点的地方——因为今天有人听课啊，他们很晓得眉高眼低呢。

复习结束，听《小龙人》之《为了妈妈》。

我说："录音机里歌声很响的时候，说明大家不安静；歌声越小，说明你们越乖。"

歌声越来越低，我怀疑坐在最后的小安无法听见，于是复将声音往大里调了一点。孩子们情不自禁跟着轻唱，有一种特殊的温和与平静在教室里生成。

教学新内容，声母与 un、ün 的拼读。

"音节 kun 和 juan 有什么不同？"我问。

"juan 是三拼连读！"他们齐声说道。

"为什么？"因为这和《基础训练》里的一题相关，所以我在这里停了下来。

"juan 有三个东西，而 kun 有两个东西。"唐雅馨向着黑板，指指画画。我笑了，问："你们都听明白了吗？"

"明白了！"呵，个个心有灵犀啊！

"谁有不同的说法？"

"juan 里的三个东西，是三个不同的声音，j 一个，ü 一个，an 一个。"江业雯声音很小。我说："大声点，让大家都听见。"

于是，她在轻微的"嗡嗡"中重讲了一遍。近旁的唐雅馨听见了，频频点头，我看她一眼，说出她点头的原因："比你讲得好些，是不是？还有能讲得更好的吗？"

很多人抢着要发言，李旭冉"嗯嗯"着，用胳膊肘将桌面碰得“嘣嘣”响。我知道，这种时候，恰是教师最该平和微笑的关口——这时候发火，只能让学生在表面收敛的同时，内心更加急切。

于是我满眼含着真诚的笑，向着猴子似的好动的他，无比温柔地说：“偏不喊你！因为别人发言的时候你不是往旁边看，就是说小话。”然后我转向全班，“大家都记住了，不光老师讲课大家要安心听，同学发言的时候，也要安心听。不肯听别人说话的人，老师是不会让他发言的。凭什么你不听我们，却让我们听你？孙琪先！”

“juan 是三拼连读，因为它由声母 j、介母 ü、韵母 an 三个组成。”

“掌声！”于是大家一起拍手，满教室都是心悦诚服的笑意。我知道，这次的静听，是因为教师的教导，也是因为孙琪先的发言清晰、连贯、响亮。

看来，培养倾听的习惯，要和提高发言的质量同步进行。起始阶段，我就应当多喊这样的孩子，既是示范，也是于自然状态中营造聆听的氛围。否则，一上来就让这帮家伙去倾听蚊子哼哼——往重里说，那叫“逆天而行”呢。

读文章讲究的是语感——良好的语感，对于个人来说，不仅有利于文学修养的培植，也可以让他从谈吐到内心变得温煦优雅。

对于班级管理而言，培养语感，就是在审美过程中生成富有生机的秩序。拍桌子瞪眼睛的高压方式当然也可以威吓出秩序，但用苏大师的话说，那种“弹药补给”式的威吓，只能让教师在声嘶力竭的被动维持之间，以师生内心的平静与和谐做了外在的暂时的纪律的代价。

其实，汉语拼音也可以读出语感的。这就需要教师摸索出既利于知识掌握，又富有节奏感的朗读模式。

ün ün ün，前鼻韵母 ün。

yun yun yun，整体认读音节 yun。

拼音之外的内容在这里是必需的，因为区分读音相同的韵母和整体认读音节是教学中的一个难点。

j——ü——an → juan， juan juan juan！

这也是一种节奏，既让他们知道拼读的过程，又侧重了对直呼能力的培养。

这样读了至多六个之后。

che lun che lun che lun

l——un → lun

这又是对上面训练的逆向操作。

问小安："明天开始放七天大假，这样的复习是必需的。一气儿读了五六课，你听着觉得单调吗？"

"还好啊。他们都是手指着眼看着读的，声音又不大，我听着感觉还好。"

"这与和谐且富于变化的韵律有关。"

下半堂课的学习，孩子们有些松弛。因为"眼没看到，心不在"，点了几个人的名字。下课了，我问："有一个人我是点了两次名的，他是谁？"

"李德昊！"几个人告诉我，小男孩同时沮丧地站了起来。

"五分钟，我陪你。"我说。

"老师老师，"他噘着嘴，"你不是说上课之前要把书放好吗？下节是数学课，我能不能先把数学书放好再上去站？"

"不行，你先站了再掏书。"我扶着他小小的肩头，让他面对黑板，"要上厕所吗？"

"不要。"

"三分钟就行，下次读书不要玩手了。"我说，他点点头，面壁而立。

大约三分钟之后，我说："玩去吧。"他笑着离开了讲台。

没有惩戒的教育是不可想象的。但一定要让孩子感觉到你的处罚是必需和善良的——同时又不能让他们将惩罚看成游戏。这里有一个微妙的尺度把握，教育之所以成为艺术，我想，盖因如此。我以为自己是个不错的艺术家。

在一个大班里，为了秩序，很多时候，惩戒这一个人，其实是为了给大家看。当个性舒展和集体前进发生冲突的时候，只有约束前者了。

锅盖头，小细脖，斯斯文文一帅哥——他是叶少华。

读书的时候，他脑袋随着声音的节奏摆动，状如舞蹈。

j——ü——an → juan！

他下巴从左到右慢慢扬起，定格，然后“juan、juan、juan”使劲点头三次。这中间，他的目光和我不期而遇，我笑了，他也轻轻一笑，接着往下读。

这就是古人所谓的吟诵吧！

下课了，聂大伟的《基础训练》又没有写完。我注意到，他手上的铅笔是秃的——已经写不出字迹了，一笔下去，纸上往往留下一道木头的划痕。他文具盒里的三支也是秃的。

“这怎么写呢？”我明知故问。

“他每天带着一把小刀。他自己削铅笔。”同座位的李卓然告诉我。于是，我从讲台上拿来两支挺好的铅笔给他：“这是同学捡来的，给你用吧。告诉家里人，在你学会削笔之前，要每天给你削好铅笔。”

# 10月 October

# 每天给自己献一朵花

10月1日 / 星期五 阴

夜里，大风小雨之后，天阴了，气温降了。秋阴漠漠，四围宁静仿佛置身郊野——这是我喜欢的节日。

看看工作随笔，字数已经过了25 000了。从兴致勃勃到心平气和，从“枯燥乏味无可写者”到日吐千言难以自止，从记录班级教学过程到给孩子们建立“可爱一幕”的个人档案——这些变化，是我在9月1日绝对想不到的。

难得的空闲，彻底梳理一下自己的心绪吧。怕的是“剪不断，理还乱”哦。

不止一次问自己：越陷越深的这种笔录有意义吗？——我指的是对自己。

当我们考虑做不做一件事情的时候，要问三个问题：第一，对我自己有没有好处？第二，对对方有没有好处？第三，对这个世界有没有好处？

“请跟我来”以及由此而衍生的文字，对于学生和世界当然是有好处的——我知道来这里读的朋友不少，影响一个教师就是影响一个班级的孩子。

这张帖子，很多教一年级的青年同行每篇必读，萧玲的跟帖让我殊为意外。对于个别执迷于看云的“傻瓜”而言，我的文字堪称不可或缺的精神食粮。卡夫卡说：“当人写作的时候，立刻有无数双虚伪的手伸过来。”这话我同意，可是对于我来说，想到有几个比我善良的朋友在关注，想到这些文字终将被一些家长和学生读到——这恰是令我不敢堕落和说谎的力量所在。

然而，对我自己有好处吗？想到辛苦付出，作为本然自利的个体生命，不考虑这一条是有悖情理的。

好处之一：这是我喜欢的“不虚此生”之证明。

现在你去问二年级的教师，他们谁记得一年级是怎么过来的？这是我的第三个一年级，我希望留下记录。汉语拼音即将结束，如果不是笔录，可能我已经忘记怎么过来的了。

好处之二：用文字做心理调节，叙出个心平气和。

第一次带一年级的时候正怀孕，那简直是一个噩梦！因发怒而分泌的体内毒素是会极大伤害胎儿的，那时候我最担心的首先是孩子生出来身心智力是否健全，然后是自己是否会哪天祸起手下，挺着大肚子蹲班房。

放学了我留下差生做“刑讯逼供式”的辅导，打骂之声被窗外上体育课的儿子听见，到今天他还时时提起“你是怎么虐待门小菲的”。

太多的事情，想想后怕。在这一行，平安混到今天，实在是上天开恩。现在我好多了，这是年龄和经验的缘故，与每天的记录反省也不无关系。所以，除非你带过一年级的，否则我绝对不和你谈一年级教师应当如何如何！

好处之三：自己充实忙碌，对家庭也有好处。

小安说得对，我是个大脑闲不住的怪物，不是琢磨这个，就是琢磨那个。从前神经过敏于儿子的学习，未必对儿子真有好处。现在我的用心所在，也许是心思最该在的地方——谁知道呢？

从很大程度上说，我像蜜蜂一样被说不明、挣不脱的本能驱使着的。

害处呢？

第一，牺牲了许多时间和精力，使我不能充分锻炼、听音乐、陪母亲说话。

第二，伤眼睛和颈椎。

10月8日 / 星期五 晴

今天上星期三的课。早自习我居然忘记去教室了，叶少华和郭乐手拉手轻轻来到办公室，我大惊失色——奔跑而去，听见他们说："来了来了。"十分惭愧！

第一节课，小冼借我们班为评职称的考核课而试上，我没有去——照理，作为班主任我应当去的。后来问过，她说学生纪律、反应、配合都好。

我问孩子们："是这样的吗？纪律好？"

"是的！"

"反应好？"

"配合也好？"

"是的！"

哈哈，他们懂得什么叫"反应"哦。我很开心。

第二节语文课先复习，然后教 ang、eng、ing、ong、ying，然后是写。

第三节的班会是很值得一记的：首批少先队员我们班级可以"发展"30 名。得到大队通知的那一刻我就决定：民主选举产生。从今以后，一切评比、选拔，包括掌管钥匙、值日负责人，都由大家选举产生——我比相信自己和同事更相信孩子们的眼光。如果他们的评断出了问题，那也是班风不正的结果，那也是班主任应当做检讨的。

先公布条件，是最简单易记也是最重要的三条：遵守纪律、团结友爱、热爱学习。

55 人，30 个名额——单双周值日生刚好 10 个小组，或者 6 人，或者 5 人，我让他们一组一组上来站在台上。

“看好了，想好了，你们一共可以举三次手。遵守纪律、团结友爱、热爱学习，比比他们中间，哪三个人这三条做得比较好，就投他们一票。给他们举手就是投他们一票，记住了吗？”

“记住了！”

这是他们人生经历中的第一次民主生活。下面的人，举不举手，往往思忖再三，犹豫不决；上面的人，看着下面或多或少的手臂，面部各具情态。从头到尾，他们都表现出异常的兴奋和投入。

激动兴奋，然而有条不紊地，30 名“红领巾”确定了。

看看结果，和我的判断差不多；再给李老师看，她也认为选得很有水平。

也有这一组的人得了三十多票却没有入选，而另一组的人得了十几票就入选了的情况，这是没有办法的事情。想想世界杯，还有“死亡之组”呢。所谓公正，无论怎样都只能是相对的。

30 人的名额太多，学生现在不能都认识同学的名字，否则，我可以这样做：将 55 人名单人手一份发下去，让他们勾出 30 个人来。

下午的语文课，不要太享福。

很快教完了带有后鼻韵母 ang、eng、ing、ong 的拼音，然后讲《基础训练》三题——已经由每题抄到黑板上读讲，“进化”到指着练习册读讲了——然后是做。做完了就画画、看书、休息。

我呢，搬来椅子，坐在录音机边，音量调到适度，闭上眼睛专心欣赏钢琴曲。《乱世佳人》的激越辽远，让我想到郝思嘉夕阳下站立在田野上的那个著名片尾；《罗密欧与朱丽叶》于浪漫柔和中，透出坚韧和饱满，那是生命的力量！

哪边声音大了，就说一声：“谁在吵？我都不能听音乐了！”那被目光命中的调皮家伙，立刻趴在桌面，做陶醉状。

于是，我复闭目——养眼养耳养神，在心里斥一声：“什么老师！”

拼音教学即将结束，大多数情况下的一年级的艰难时段已经过去。

我喜欢他们——喜欢他们就是喜欢我自己。

因为无论你愿不愿意，同不同意，工作都是我们生活中的重要部分。这是一块命定属于你的土地，鲜花盛开还是荆棘丛生，很大程度上取决于我们自己——不付出就想收获，那是背天道的痴心妄想；付出就能收获，那是天对我的格外垂恩。

感谢上天。

还要感谢我念高三的儿子。

远离市区的同学们大多租房子了，他每天早出晚归，在路上颠簸两个多小时。回到家里，我的听他讲学习情况、学校生活和他的听我讲网络轶事、教学心得基本对等。

多年的母子成兄弟——是姐弟。他往往喊我“大姐”，而我呢，也常喊他“帅哥”。乱套了。

## 他说得对

李德昊家长来信说：“老师的要求和意愿我们理解，今后在阅读上我们会多多督促孩子。可是家长督促太紧了，孩子有逆反心理，老师的话对他来说好比圣旨。有些要求老师可以直接给孩子提，最佳的效果，需要我们和老师一起摸索。”

第一遍读信，有点不悦。我知道，这是针对 9 月 28 日信中的这句话：“现在，酌定阅读量和初查的事情由家长来做，教师根据家长的标记抽查。”看来，李德昊家长还是希望我给孩子确定阅读量。

想想也有道理，同样的任务，布置来自教师和家长，效力确实不同。我想是否这样做：和孩子商量，让他们自愿报出每日熟读的儿歌篇数，我在他们书上标记，他们回家再让家长督促检查，这样双管齐下，教师的着力又多了一分，效果是否会好些？

“有些要求老师可以直接给孩子提，最佳的效果，需要我们和老师一起摸索。”

家长说得对。

## 每天给自己献一朵花

跟帖我都读了——很多内容，说给儿子听了。感谢大家的关注和鼓励，请原谅我不能一一回复。

一部分文字是在上班时间敲出来的；一部分文字是在傍晚敲出来的——七点至八点之间的半小时许，儿子晚睡，我守着，以免有不速之客的门铃打扰他。更多情况下，一日所记乃数次数个片段连缀而成。

现在我是今天第三次写——在家里，等两个男子汉回家吃饭，音响里放的是洞箫《月夜愁》。不必管它的曲名，却是很能化顽石为柔水的好乐，十分适合我现在需要澄清宁静的心境。

写帖，上网。半小时一晃就过，两小时一晃就过，误了喊他是常有的事情。于是儿子把闹铃放到床头。“你是不值得信任的！”他说。

也累也烦。繁忙的中间，坐到电脑跟前，有时头是微涨的。

值得庆幸的是，很早就读到这样的话：“日记里绝不记录不快乐的事情——想忘还来不及呢。”现在的文字代替了日记，可是20多年“记喜不记忧”的惯性还是保持了下来。

从前的教育文字基本上每周一篇，我称之为“每周给自己献一束花”；现在呢，就算是每天送上一小朵吧。工作是艰辛的，往往也是孤独的。于飞尘的间隙也有清风，于喧嚷的中间也有乐声，于荆棘的丛中也有野芳，我是特意捕捉了清风乐声和野芳，录在这里，专门用于鼓励自己的。

文字是心灵开出的花。我以为作为一个写作者，其人其生活不可能超越他的文字。在我这里，文字略掉的疲惫和不悦，无涉乎诚实全面与否，而是我的选择——有意地，我将目光投在了值得的地方。

否则你怎么办？

否则自摄影技术发明以来，绘画就该寿终正寝了。

## 渐行渐放

上到汉语拼音复习部分了，下午作息时间改了，提前半小时上课，广播通知过，我却忘记给孩子说，第一节课有八九个孩子迟到。于是发了A、B卷，大家听着音乐等。“回家让爸爸妈妈带着做第二单元A卷，自己会读题的，现在也可以做。”

“耶！”有人欢呼着做起来。他们摇头晃脑、连认带猜地读着全部汉字的题目：“一、比一比，写一写”“二、按声母表的顺序填空”……从来做《基础训练》，我都让他们指着字跟我读题，记得不记得——跟着混个脸熟呗，常见的题型，常见的那些字，日子久了，自然有了一定的读题能力。

相比于第一单元和测验，现在已然放手不少。明天且看做来的情况。

到现在为止，只在开初收过一次作业——也就是说，只用红笔改过一次作业，作业都是当堂当面完成的。开始的时候速度相差很大，现在好多了。下课之后，总有几个没写完或者因为错误和不工整而返工的，他们无一例外对于周围的吵闹置若罔闻，且总能在下节课上课之前得到我的口谕：“好！”

我对小安说：“以后的课外作业，不过是课堂留下的尾巴。有这样于不知不觉中养成的一气呵成的习惯，拖拉毛病便无从滋生。55本《基础训练》，还真重呢，不要说课代表，我抱着都累！以后的作业，我准备尝试着轮流批阅，一次改一组，或者一次改一半！”

10月10日 / 星期日 晴

上午第二节是思品课。后半堂做《基础训练》，下课了，还有一半没检查。嘻嘻哈哈的队伍一直蜿蜒到了走廊。

“你们干什么？”

“我们检查作业！”口气里充满了自豪。

刚查完，上课铃又响了。

我拧大录音机音量，喝道：“我去拿东西！都给我好好听音乐！回来的时候，我听见谁的声音，就罚谁的站！”《罗密欧与朱丽叶》的温存浪漫中，一只只惊弓之鸟做沉醉状，于是我庄重地出门——一待他们看不见，立刻飞奔起来。

拿着A、B卷回来，教室里还挺安静的，我十分满意。

“真好！再听一曲。”

“老师老师，可不可以看书？”

“不行。上节课我们做累了，很多同学课间也没有休息，给我趴下，闭眼！”

低回柔和的音乐中，我情不自禁地告诉他们：“这是《友谊地久天长》，一部外国电影的音乐，原来是一首民歌……”

我把音量拧小，教室里越来越安静，美好的声音、美好的感受从耳朵进入了他们心里——音乐原本是无须标题的！

讲 A 卷，他们昨天做得不错——于是下面有点乱，这是正常的，点了好几个人的名字。

第八题抄到黑板上。“老师老师，这个字母错了。”“老师老师，那个声调也错了！”小手接二连三举起，他们真是火眼金睛而又诲人不倦！

终于都“改邪归正”了，正待读呢——“老师老师！”

“什么事？”含着狼外婆的笑，我问李德昊——我的汗都出来了，我真佩服自己的好性情！

“老师老师，‘友谊’的‘友’，你的第三声，到底是在 o 的头上还是在 u 的头上啊？嘿嘿！”他得意地笑了，挠挠后脑勺。

“谢谢！”我闻过则喜，然后威风凛凛地举臂，“看我的手指——读！”

“白云——白云——白云！”

哈哈哈，真该让那些坐而论道的网友看看这一幕！

10月11日 / 星期一 阴

喜欢阴雨天。

今天思品课的内容是《我爱学习》。

“你喜欢学习吗？说说学习中有趣的事。”

思品课上，大家各抒己见。

韩玉琤说：“我想早点认字。”

我有惊逢知己的大快乐：“老师也是啊——一个多月的拼音，老师也急了，也想早一天和大家一起学习认字啊！”

“就是！”“就是！”“就是！”下面一派真诚的共鸣。

“人口手足，耳目舌牙！”

“一去二三里，烟村四五家！”

不约而同的念念之声，由小而大，将全班人都裹挟进来。有快乐更有期盼。

“后天就考试了，让我们都以好的成绩结束汉语拼音的学习，高高兴兴学课文认汉字。”

“耶！”

好像是只要你不伤害到他们，他们就可以无由而快乐。

10月14日 / 星期四 晴

## 第一次家长会

心太累，嗓太累。

下定决心：家长会什么都不说。

“要说的都在信里了！哪天散步不在琢磨这些破事？常常连吃饭的时候大脑都在编织语言。全部心血都结成这些文采全无的大白话了——爱跟不跟。”我斩钉截铁地跟小安说。

下班前到教室瞧瞧，嗬，真干净！清洁用具收拾得整整齐齐，讲台上的东西摆得一丝不苟。我心里感觉到一阵温暖。“我告诉他们的，打扫漂亮了迎接爸爸妈妈。”

回家，修改教学设计。儿子吃过饭，正洗澡我就去了——19:20。我相信家长的素质，绝对不需要我陪他们听校长讲话的。

教室里静悄悄的，李老师正侃侃而谈呢。

没有准备，草草开口就是不好，站着说话更容易激动。今天的发言，是我前所未有的糟糕——正所谓盛气凌人，全然失去了平和之气。我对自己十分不满意。

这是小青的信。

一年级常规教学研讨会上，我把你的信件复印给我们的任课老师，每人一份。

今天校务会上，我择要选读了你的信。九十多名一线老师，静静地听——我感动于这样的氛围。会有人跟你来吗？我没有强调，一切都要自愿。

如果再带班，我一定跟你来。

多么有意义有价值的“心平气和的一年级”，大姐。

写东西，最伤神。如果累了，就歇歇。

小青想你，愿你一切都好。

是啊，写东西，最伤神。

这一点，只有自己写过的人才知道。

可是，想到自己的破文字，一点不值钱的心血也能影响到千里以外的同行，多少给他们提供帮助，感觉不错——但我不知道自己能做多久。

我既高兴于得到价值的肯定，潜意识里又希望有人给我泼冷水，那样可能对我更有好处。因为除了为我儿子，我真的不愿意燃烧。所以，如果哪一天我懈怠了，请朋友恭喜我。

睡前浮想联翩和一觉醒来再不能入梦，这是用脑过度的表现。开学以来，我就处于这种可怕的状态，现在是4:16，我知道自己再难入睡，干脆起来了。有人说克服对悬崖的恐惧的最好办法是多在悬崖边走。我呢，尽快走出这段煎熬期的办法就是——让孩子尽快上路，家长尽量多地跟上。

这两天气不平的另一个原因是没有读书——学生不读课外书，心灵就相对闭塞，教师也一样啊，一日不读，心境失衡，面目可憎！这是我从前对同行说的话，现在在自己身上得到了印证。

还有，两天没有在课堂上认真听音乐了，这也是一个原因。

来校的时候，一路听见孩子们喧哗。他们高兴得像过节呢。本来嘛，教师、家长沟通的结果就应当是家长的教育素养得到了启发——爸爸妈妈比从前更知道怎样关爱他们了，这是孩子的福音。

看见盛建福荣小小的身子夹在两个大人的中间。到我讲话的时候，大约已经是 19:45 了——一节课的折磨呢。

于是我开口第一句就是："你爸爸太残忍了。出去玩吧。"

父亲却问："你愿意在里面听还是愿意出去？"

"这样问，不是逼迫她说假话吗？"

可是就在这中间，她已经抬起头，轻轻说"出去"了。

我很高兴！这才是孩子该有的样子。当然，我也理解家长的心，这说明他对会议很重视，对于孩子的学好向上有着一份格外强烈的渴望。凭着这份渴望，我应当对孩子的将来充满信心。

散会之后，和一群不愿离去的家长说了很多。最后真正散去的时候，看见李宋杰和马静婷在扫讲台呢——哪里有什么脏哦！

然而，多么可爱！

希望家长知道，在学习之外，心里能装着班级、装着他人，是品行好的表现，更是一种能力的体现——爱而且会爱，就是一种伟大的能力。有机会为班级服务的孩子是幸运的。

所以，直到今天，我还鼓励儿子多多参加公益活动，比如青年志愿者、运动会服务员。而他在班级的职务就是分管内务的“常务副班长”。

哈哈哈哈，我这个草根刺儿头，偏偏养出个天生干部料的儿子。

10月15日 / 星期五 晴

## 三个第一次

### 一

学习词串“太阳　闹钟　小鸟　起早”。

“有要提问的吗？”第一次让他们提问。

“老师，他为什么要‘太阳闹钟小鸟穿衣下床起早刷牙洗脸用餐上学升旗做操’——这样说？”

“那个小孩怎么穿了衣服才下床？”

“他们天天都升旗吗？”

这都是我想不到的问题，很有价值，很有代表性。问的人眉头紧锁，听的人全神贯注——个别孩子说话如同蚊虫哼哼，听得人很不耐烦。我告诉自己，越是这个时候，越要带头倾听。

在9月，这种情景是不可能的。那时候，孩子们像池塘里的青蛙，有事无事呱呱叫；那时候，最要紧的是让他们“注意看”“用心听”“认真写”。而小红花、智慧星、课间游戏之类，只能让他们闹上加闹，给教学平添许多干扰。

当然不能只是听、读、写——我们有音乐呢。

## 二

家长都希望教师多提问自己孩子，唯恐孩子发言表现的机会比别人少。其实，对于孩子来说，首先需要学会的是倾听——这才是学会学习的关键。

现在学习课文了。与教学内容日见丰富有趣同步而来的，是孩子们“听”的意识开始建立，所以，这时候我才开始有步骤地、一点一点地培养他们的发言能力。

培养语言表达能力是一个漫长的过程，而秩序生成的时机一旦错过便很难补救——闹的荒草一旦生根，必定乱蓬蓬拥塞了孩子的心灵，难以开出思静的花朵。

而没有了静听和沉思为前提，所谓“积极发言”，只是为表现而表现的低效闹腾而已。

蒙台梭利相信，孩子对秩序的热爱在其成长的过程中的某一个关键时期内会自然形成。她认为秩序“是和平与幸福的必要条件”。在蒙台梭利的教室里，物质世界的秩序是用来引导灵魂深处的宁静，或者她称

作“优雅”的一种品质。（《学会关心》第 178 页）

我以为，对于一年级乃至整个小学阶段而言，这个关键时期就是学习拼音的一个半月。

一定要硬着心肠，把他们的闹劲——其实，就是不懂吸纳的“自我中心”意识给弱化。课堂发言，应当是海面上起舞的美丽浪花；大海，则是他们内心的优雅宁静。这是我的目标，慢慢来吧。

## 三

写字的中间，放的是《雪绒花》。钢琴的声音如同月光下的流水，柔和缓慢到了若有若无。踏着节奏，轻轻地来回走动，轻轻地纠正他们的错处。

上午第一次收作业本。只收两组的，下次批阅另外两组——二十多年来第一次尝试苏霍姆林斯基提倡的轮流批改作业。

到放学的时候，“左半边”都写完了；10 来个快的，“两边”都写完了。我告诉他们“回家把剩下的写完”，这是第一次有课外作业。

至于说到语言的习得，凭借个人体验，我更认为：倾听、阅读美好语言，而不是终日摇唇鼓舌，才是培养凝练优美表达的关键。

然而，忍受报告，忍受贫乏虚假语言的折磨——直到麻木不仁，是很多人的必修课。多少锐气，多少创造的活力，在这种残酷的精神酷刑中消磨殆尽？

这是一个民族所以委顿弱智的重要原因。

10月16日 / 星期六 晴

## 关于“语言素养”

“语言素养”，苏大师以为，无论你教什么学科，这都是教师必须具备的基本素养。否则，学生听课如同受刑，为了取得好成绩，孩子们将以健康为代价。

清晰简练、生动新鲜的教学语言会使学生对你的每一节课心存期待。他们知道，从你嘴里出来的话，绝不会重复昨天，绝不会是机械迂腐的陈词老调。无论教学辅助手段多么发达，语言永远是教师联络感情、传授知识、激发思维的最重要和最基本的方式。具有足够吸引力的、新鲜活泼的语言从哪里来？读书，只有读书。

教师就是“卖嘴皮子”的，这话一点不错。

如果我是个语言乏味的家伙，那我就要了学生的命！所以，我如醉如痴、孜孜不倦地修炼口语功夫，所以我把主要精力用在了提高课堂教学效率上——个人以为，作为教师，我一直做着最该做的事情。人的精力总是有限的，40分钟，乃是教学的命脉所系，所以，我宁可在其他方面，比如苏大师竭力反对的“补缺补差”上面偷懒——竟或不做，因为语文不同于数学，语文是可以在广泛的课外阅读中慢慢悟的。

李子涵说，做我的学生之前，她永远想不到语文课也可以让人发疯；李江涛说，我们的语文课好像一幅画、一首歌，坐在里面，光是听就觉得很幸福；姚文婷说，坐在薛老师的课堂里，唯一担心的是下课的铃声响起……这些来自学生作文的评价，是我所能想到的最高褒奖。

10月18日 / 星期一 晴

## 老话岂无道理

每字一排，音节两遍，字八遍，为什么一定要分左右两边两次完成呢？

答家长问：

左边音节一遍，字四遍，所有生字写完之后，右边再来，这样等于写了两次作业。加上《基础训练》里的描红，一个字三次，写了十二遍以上，应当能够掌握字形了。如果一气儿写完一排，到后来成了机械运动，从书写质量到记忆效果都会差不少。

当然，至于书写的规范与否，即是否照田字格的样式写，教师只能再三强调并在巡视发现问题时做个别纠正。等到作业交上来，即便不规范，也不可能让他们重写——每天都有新内容，时间来不及啊！

这一条，家长是否重视就不大一样了——刚开始严格要求，习惯养成之后，大家都轻松。“好的开头是成功的一半”，老话岂无道理？

10月19日 / 星期二 阴

今天复习。

上午检查《基础训练》上的儿歌，9个孩子读得很生疏——8个是借读生。于是罚他们的站。

十几分钟之后，一个个谈话，问他们读了几遍，都是谁听着读的。回答竟然都是："两遍。妈妈听我读的。"再问爸爸干什么了，有一个孩子说："打牌。"

我和小安面面相觑，心里有很大的悲凉。母亲啊！

最后一个离开的是王涛。回座位的时候，小安告诉他："你的鞋带散了。"

小孩子弯下腰，我分秒必争地教育他："读两遍怎么够呢？你至少要读四遍。记住了吗？"

"嗯。"

"他会系吗？"小安说。

"他会，上次施俊瑞的鞋带散了，自己不会系，还是王涛帮的忙呢。是不是，王涛？"

"是的。"他说。

我很得意自己的记性之好。

同时告诉自己：以后对他们要有耐心，要直面孩子之间的差异。要他们直呼熟练地读出儿歌，就像要我在一眼之下顺畅地读出《易经》，一定要从孩子的角度去看待学习中遇到的每一个“简单问题”。

10月25日 / 星期一 阴

赣榆讲学归来。

今天两节课都是上上歇歇——轻轻地讲，安静地听音乐，悠闲地复习，孩子们和我都很舒服，隐约有六年级的感觉。

“下一题，‘读读背背’。看老师的手……”

“一月大，二月平！”“一月大，二月平！”

他们竟像听见发令枪一样，一齐捧着书，大声读起来，没有一个人理睬我！教室瞬间成了蛙塘。

只有项文静一个人和我同心同德。她学着我的样子，高高举起双臂，做出暂停的手势，四下里招摇。可是，没有丁点的效果。

她看着我，我朝她苦笑，于是她也端起书，“同流合污”：“一月大，二月平。三月大，四月小！”

五六分钟之后，蛙塘声势渐渐消歇——多么投入地自学！

“看拳！这是哪边？左还是右？”

“左！”

“右边……啊不，左！”

教学不能逆性而行，做教师的，该示弱时就得示弱。

明天第二单元考试。

10月26日 / 星期二 阴

## 我真的很崇拜他们

上午第三节课考试。先带着学生把题目从头到尾读、讲一遍，然后他们自己做。最快的三个孩子，不到下课就完成了。最慢的也只拖延了10来分钟——速度比较整齐。我知道这都是书面作业在课内完成的缘故。

下午上《人有两个宝》。

八个生字描红完毕，《基础训练》的后两题让他们勾了带回家做，也就是十几个字。第一次布置这么多课外作业，以后还是尽量在课内完成，省得时间多了愁人——哈哈哈哈哈哈。

卷子改出来了，100分8人，99分9人，90分以下的7人，最低分70分；有些孩子漏题了，最简单的默写单韵母没有做，否则成绩还要好些。

对此我不意外，我知道，只要课外阅读跟上了，他们会更好；而我呢，当然是更轻松。大大小小，总共十三道考试题呢，多不容易，我真的很崇拜他们。

组词，除了作业中出现的，绝不搞遇到生字就口头组词——书面做，更是“无论魏晋”。因为，组词、造句、分析……这些无中生有的破事，就如盐粒子，只要书读得够多够熟，统统不是问题。你的组词提问，对于那个发言的孩子，只是在展示固有的词汇量；对于其他孩子，更是春风未必过驴耳——纯粹的浪费时间。

那么课堂上，我们的精力就集中到读书、认字、写字、做题上了——原本就该这样的。学语文的目的是能够并且热爱读书、写作、表达、思考，七七岔岔的这些语言碎屑、伪知识，只会败坏语文该有的美丽、醇香以及蕴含其中的生命气息。

为了养活编题的那帮家伙，师生们被谋去了多少宝贵的时间啊！遇见了我这样的明白人，知道哪些是必须踢开的垃圾包袱，哪些才是值得孜孜以求的源头活水，孩子们，真的是你们的幸运。

那么，时间多了怎么办？听音乐呗。学学歇歇，多么舒服。不老实的，一边偷眼看我，一边头挨头地喁喁而谈，上课说小话，还有背景音乐，何其浪漫；乖觉的，合了眼伏案静听，这是些懂得滋养自己的精明鬼。

聂大伟是最后一个交卷的。弯着腰，在他的背后，我听见他指着一排字，缓慢而舒畅、清晰地读出“下面哪些字的音节是整体认读音节，是的在括号里打钩”，我的心里一阵发热——这不就行了吗？考什么鸟试！虽然他的分数是83分，可是，能直呼到这种程度，已经圆满完成了学习拼音的任务了。如果是我，盖住了认识的字，让我直接读，未必有他好呢。教学中的许多事情，就该这么想的，从孩子的角度、高度去想，就知道了他们的艰难和伟大。

这样的孩子有10来个，我庆幸在眼见他们跟不上的时候，没有焦急上火，没有揪住他们补习，而是任他们投身于学校生活的热流，懵懂快乐地“靠天收”。爱听的课，有趣的书，是他们风调雨顺的天。

补缺补差是没有用的，只会让孩子憎恨惧怕学习——至少对于语文，苏大师的话，是真理。

“鱼儿养到大海里，想它小都难呢”，这是我的名言。我知道，通过网络、白纸黑字和小语姐妹，这句话已在相当大的范围内传播。

“从来没有怀疑过，越来越坚定地相信着。”大大小小的报告会上，说到类似地方，我知道自己的样子：身子往椅子里一靠，仰起头，脸微微地偏着，嘴角挂着半是自负半是沉醉的笑意，目光越过众人的头顶，投向礼堂的后墙——句子送出去，掌声响起来。

秩序建立之后，本周集中注意力反复强调，要让他们根植在心的是两件事情：坐在窗边的人放学关好窗户，上学打开窗户；教室里不许随地扔纸屑，谁扔谁捡，屡犯受罚。

明天上午，一心一意读儿歌。

10月27日 / 星期三 晴

## 美丽的生命之流

小猫拉车，老鼠不坐。
黄鼠狼拉车，小鸡不坐。
灰狼拉车，山羊不坐。
老虎拉车，谁也不坐！

明媚的阳光照进来，孩子们摇头晃脑地读着，熟练程度比上周好了很多。李智炫笑了，从后面看见他的我，也笑了——其乐融融啊，不敢想象，没有课外阅读的语文，那是怎样的枯瘠和可怕。

长城长，长城弯。
长城像条长扁担。
一头挑着山海关，
一头挑着嘉峪关。
大山伯伯腰板硬，
一挑就是几千年！

声起处，孩子们情不自禁地挺直了他们的小腰板。恍惚间，我觉得自己立在一片蓬蓬勃勃的生命的幼林之间——这里没有竞争，气氛亲密，这里大家兄弟姐妹般地比肩而长——我，是他们中的一个。他们给我的，比我给他们的还要多。

那天我说："要尽我的能力，给他们一片生长的开阔地带，决不让白热化的竞争过早戕害了他们的心。"

"还要有光。"燕说。

是的，还要有光。光是好的朋友、好的书，光是那些我不认识但深深感谢的作者，光是星期三早晨映布在书页上的明媚，光是童稚气十足的读书声。

我说过："语文不光是课，语文是一股美丽的生命之流。"此时，我正流连其间，不愿出离。

## 在家里，在亲人身边

充分齐读之后是检查。十四首儿歌，26 人会背，不熟的有 6 人——"跟"的状态之好，让我舍不得丢下一个，于是一个一个给他们打电话。手机里，父亲们的声音开初都是又粗又直的，我极其亲切温和地向他们汇报，请他们帮忙，拜托他们，感谢他们——到最后，那一头的男声，也都无一例外变得温和恳切。那是他们对孩子的关爱被我激发了。

施俊瑞入学报名登记的是家里的电话号码，于是晚上打到家里。

“谁呀？”奶声奶气的童音。我笑了：“施俊瑞吗？让你爸爸或者妈妈接电话。”

“嗯！”然后是纯正的呼吸发声法，“爸爸，薛老师。”

和孩子父亲通话，知道他每天两首读了五遍。于是我说：“为什么有的孩子三遍就会背，而施俊瑞五遍还读不通顺呢？不是聪明不聪明的问题，是人家读书开始得早，在这之前他们就已经自己读了。所以啊，我们更要加紧跟上——五遍还生，那就八遍吧？行不行？你让孩子跟我说话。”

“老师！”他喊了一声。

“施俊瑞啊，五遍不行我们读八遍好吗？”

“行。”他说。

“真好，让老师下次给你打 90 分好吗？”

“好的。”

“施俊瑞辛苦了，施俊瑞再见。”

“老师再见！”

放下电话，耳边老是回响着孩子奶声奶气的声音。课堂上他从不发言，不是听课写作业就是沉醉于自己的小动作。这个黑而结实的石头似的农村孩子，如果不是今天亲耳听见，无论如何我也不能把他的样子和那样娇柔的声音联系起来。我想他当时的神态也一定是颇为娇憨的。

可是在学校里，面对我的时候，他怎么那么严肃呢？

只是因为刚才，他是在自己家中，在最爱自己的人身边啊！

10月29日 / 星期五 晴

## 生活中的大事

等芸儿钻入自己的小狗窝，芸芸的妈妈忙完家务准备和芸芸一起做梦的时候，居然睡不着。芸儿没上一年级的时候，可是倒头就睡的呀，为什么现在头脑这么清醒，一点睡意都没有？原来呀，是老师的最新的帖子还没看，“芸儿的小屋”还没整理，当然睡不着了。

一骨碌爬起来，打开电脑，哈，老师又有新内容了。贪婪地看完后急忙来到“芸儿的小屋”，呵，一下子来了那么多尊贵的客人，可把芸芸妈妈乐坏了，都有点不知所措了，心中万分感激老师暗地里的帮助。要知道，芸芸妈妈昨天还在芸芸好朋友家一个劲地煽动她们上“芸儿的小屋”来玩呢。

2004-10-29 00:59:00

我说过：生活中的大事，就是让你怦然心动的时刻。

就如看见这一帖（晏楚芸母亲所发），看见它发布的时间的感觉。

芸儿、春苗，你们记住了：网络因为故障或者黑客攻击而崩溃的事情常发生，所以你们的文字一定要在硬盘上备份，到了一定字数就打印出来——一学期结束了，合订起来就是一本真正的书啊！现在是妈妈读给你听，不久就是你自己读自己写了。

爸爸妈妈们记住了：人在骨子里都是以自我为中心的，没有比“读自己”更能激发孩子识字、写作兴趣的了，所以你们要开动脑筋，让自己的文字优美、丰富起来哦。你们也是孩子的语文教师啊！

打印的时候，可以多打印几份，好朋友之间互相赠送了看。至少要打印两份——你们老师要！老师到外面讲学的时候，一定要讲到你们。如果哪一天你的小耳朵发热了，你就“咯咯”地笑出声来——在千里之外的讲台上，老师一定能听见。

还有，找自己帖子的时候不必到下面翻，看见上面的“用户控制板”了吗？点开“我发表的主题”就是啦。

还有你跟过的朋友的帖子也不必找，点开“用户控制板”下面“我参与的主题”就是啦。

一天写一句，现在是坚持，将来会成为不写难受的习惯，到那时，你们的作文，想不好都难啊！

一天或者几天写一个小段子的爸爸妈妈呢，得有心理准备哦，一不留神——你成儿童作家啦。

## 从师生到网友

老师，萤火虫这个网名是我自己起的，好听吗？你能到我的小屋来玩吗？妈妈说每天帮我记一些有趣的事情，等我长大了给我看。我想快快地长大，多认些字，以后就能自己给老师发帖子啦。有个问题想问您，我说er是特殊韵母不是复韵母，妈妈说是复韵母，让我问问您，谢谢！

2004-10-29　23:55:00

我猜，她是我家楼上的张悦媛，可是地址却点不开。看看发帖时间，便知道这对母女都陷入疯狂状态了——上论坛之初都是这样的，这是谁都不能避开的“初级阶段”，越早经历越好。何况第二天是周末呢！

明年今天，是“萤火虫”的一岁生日。到那时，“萤火虫”的亮度应当相当于一个灯泡啦。呵呵。

我今年七岁，上小学一年级。“萤火虫”这个网名是我自己起的。在教育在线网上有我的许多朋友，还有我的老师。我们的老师可好了，上课让我们一边听音乐一边读书。我最爱听《雪绒花》，因为我喜欢弹琴、读书。

得到学生的表扬，当教师的格外高兴。

到了八小时以外——现在，由于网络，我和学生、家长的交流互动也延伸到了八小时之外。在这更为宽泛也更有针对性的大课堂、新课堂里，将在无意间播种什么？将在惊喜中收获什么？我们谁也不知道。这份未知的神秘，令我莫名兴奋。

“芸儿的妈妈真是高手！”芷眉（常丽华）赞叹不已。我也深为骄傲，因为是我发掘了她的写作才能。

# 11月 November 一切都在摸索、变动、进步中

11月2日 / 星期二 晴

上午第三节课拖堂——看着他们写《升国旗》的生字，少部分没写完的，带回去写。

午睡之前想：“孩子们，辛苦了。”

下午第一节是语文。“同学们，我们先听音乐。”然后，我在黑板上写两个字，他们中的佼佼者，慢慢读出：“春——里——野——春野。”

按下开关，片刻寂静之后，充满春之生机的音乐，柔和地在教室里回旋。我闭了眼睛，立正站在门边，直到结束。

跟着我，大家一起长舒了一口气。然后学习。

## 过节的感觉

下课之前。

“明天星期几？”

“星——期——三！”

“星期三干什么？”

“读儿歌！”

“《365 夜儿歌》！”

“布娃娃，要睡觉！”

“寒风吹雪花飘，堆个雪人个子高！”

真有过节的感觉啊！

说实在的，只要他们上了“大量的高品位阅读”的路子，别说语文，所有功课的学习都将如同远航的帆船，拥有了持久强劲的顺风。

可是，我带他们读书，决不光是为了功课，而是为了让他们拥有幸福的能力。

11 月 3 日 / 星期三 晴

干晴，空气仿佛要冒火星了。农民伯伯怎么办？

## 花草的渴求

上周，因为读得不好打电话给家长的 6 个孩子里，就有洪亚男，是她爷爷接的电话。今天，洪亚男读得很顺畅。

“90 分，很好。”我说。

“老师，这是我爸爸写的一句话，你也给他打分吧。”写了字的那一页举到了我的眼前，孩子的声音里充满了迫切的恳求。

于是，我在那句话上打了个“90”：“如果你爸爸再多写几次，就可以得 100 分了。”

“嗯！”她满含笑意地看着我，认真地点点头。

前两次，在我的追问下，她告诉我：“我家没有人听我读。”那时候，她的声音是多么沮丧和自卑啊！

想起大约二十年前的一件事情。

两个女生在聊天。

“你妈妈对你真不好。我都怀疑你不是她亲生的孩子。”

“不，我妈妈很喜欢我。”其实，大家也知道，她的母亲很暴躁，经常打骂她。于是她的朋友举例说明：“上次你妈妈，不为个什么事，就用拖鞋抽你的脸。我家人从来没有那么狠地打过我。”

小女孩更急更窘了：“那次本来就是我不好。我妈妈也就凶过那么一次，正巧被你看见了。”

当时的我感慨万端：“父母的爱，是她的尊严所系啊。”看起来，这孩子是在维护母亲，其实她维护的是自己在同伴跟前的面子——试想，如果世界上最该爱你的人都不喜欢你，你还能得到其他人的尊重和关爱吗？

当然，孩子不可能清醒地意识到这一点，她所做的只是近乎本能的反应。但是那段对话却长久地记在了我的心里。所以，直到现在，每天每天，我都不厌其烦地用语言，更用行动让儿子知道：“妈妈爱你”。

孩子是娇弱的花草，父母的关爱，是他们的阳光雨露。

真该让所有的家长都知道，孩子们是多么需要和珍视他们的爱。

# 关心

吃饭的时候，儿子照例要关心一番我的工作："今天班级发生什么有趣的事情啦？"

"明天开家长会，应对教辅资料收费被举报的丑事。我想啊，家长难得来一趟，光说那事很对不起人，就安排了四个家长发言。"

"好！真好！他们一定爱听！"

"谢谢儿子。我知道你是真诚的。好不好的，算一次尝试吧。反正以后的家长会基本上就这么开了，我讨厌一言堂。"

"会议情况，明天记得跟我汇报！"

"是，遵命。"

11月4日 / 星期四 晴

## 音乐的力量

下午，第二节课后，督促孩子们赶紧把教室扫干净。刚忙完，邢虎威的妈妈来了——第一名！

还有15分钟到四点，我上楼去。小唐正下来，就让她拎了录音机去教室：“放左边的一盘钢琴曲，《月河》之类，都是可以作为背景音乐的优美舒缓者。”

上午，当我说要让家长听音乐的时候，小安不以为然：“算了吧，别耽误人家时间了。”

我说：“他们在时间的流里忙碌，是为什么？很大目的不正是为了孩子吗？分享孩子的快乐，怎么能说是浪费时间呢？”

四位家长的讲演质量很高——以后会更好。胡婧怡母亲的发言尤其催人泪下。为了舒缓过分凝重的气氛，我说：“休会片刻，我们听听音乐吧。你们随意交流。”

几个家长出来和我说话，绝大多数人在里面——音乐声中轻声交谈。

我的总结发言是在音乐中进行的，也是从音乐谈起的——我在黑板上写上“春野”，从“春——里——野”和“鬼断蓝桥”之类的课堂花絮说到了课外阅读，说到了洪亚男的两个“90”分，做母亲的泣不成声。

讲话在大家屏息静气的倾听中戛然而止。因为要说的，都在和将在信里写着了。

下次的家长会，我交家长委员主持！我说过要培养他们的，我需要一批好苗子——呵呵，谁跟谁聪明啊！

晏楚芸妈妈说：“中午的时候，芸芸对我说，妈妈，我最喜欢听《春野》了。多么好听啊！你让我们薛老师放给你听吧。没想到，薛老师你还真的让我听见了。你知道吗？现在我们吃饭休息的时候，都听钢琴提琴之类的轻音乐。都是因为芸芸，她把语文课上养成的爱好带到了家里。”

“优美的音乐，能在潜移默化中，将孩子的心灵导向宁静优雅。同时，也使他们对音乐有鉴赏能力——吃过鲜桃的人，是再也不会贪恋烂桃的。”

再次发现“音乐的力量”——是为此次家长会的最大收获。

附：铃兰儿（唐礼群）所做家长会记录——

今天下午儿子班召开家长会，会议由班主任薛老师主持。首先选出家长委员会的成员，通过自愿报名的形式很快就产生出来了，然后薛老师对教辅材料的收费做相关的说明，最精彩的是请四位家长就如何教育孩子做讲演。

第一位发言的是韩玉琤的父亲。他首先感谢薛老师，接着他说他是就自己上学时的不足或失败的教训来辅导孩子的，即平时听孩子阅读，并提问阅读的意思，让孩子养成常写一句话的习惯，培养孩子的写作兴趣，采用赏识的办法鼓励孩子。

接下来是李宋杰的母亲一番朴实的话语，简单介绍自己平时是如何帮助孩子的。说话间，她看了一眼事先准备的稿子，由于紧张，手似乎微微有些颤抖。这位身为工人的母亲正用她最深沉的母爱，给孩子留下美好温暖的印记。

郭乐的父亲说了孩子在家的学习、表现情况及父母是如何指导孩子学习和引导孩子娱乐的。

最后是胡婧怡的母亲发言，看得出来她今天很激动。她说这是自己第二次上台发言。第一次是自己五年级时代表少先队员发言。她说今天的发言要感谢老师的信任和女儿的鼓励，她要给胆小的女儿做个榜样。说到女儿发高烧还坚持读儿歌、学习，母亲按捺不住自己的情绪，眼圈红了。多么懂事的孩子，多么感人的故事！

家长们深受鼓舞，此时薛老师放孩子们最爱听的《春野》给我们听。春天的田野，老师希望这些孩子像禾苗一样自由快乐地成长。

一会儿，薛老师就四位家长的发言做了点评，还给我们说了一个故事：洪亚男上次的儿歌读得不好，老师电话联系了家长后，这次孩子读得特别好，还期待着老师给自己的亲人打分。洪亚男的母亲感动得泪水在眼眶里打转。最后薛老师希望家长们相互学习，将更多的母爱、父爱带给自己的孩子。在家长们还感觉意犹未尽的时候，薛老师说今天的家长会到此结束。

真是一场别开生面的家长会。

## 致家长朱明臣的短信

心平气和，谈何容易！

你看那些一年级教师给我的跟帖，就该知道，老师我看起来的轻松与平和的后面，其实蕴藏着多大的付出。

跟你说这些，不是表功，是想和你分享一点心平气和的心得。

在我这里，写作，是梳理自己，达到心平气和的重要手段——你留神我的文字，不止一处，有对自己发火的检讨。

所以，建议你试一试，在让孩子随心所欲地每日或者隔日写一句的同时，你们也写——写和孩子一起成长的艰辛，写这一路上经历的心灵煎熬，记录下自己是如何一步一步接近心平气和的状态的。

欲速则不达，性急坏大事。

我还要告诉你的是，紫晖这次读书很好——不仅如此，上课表现也好了很多。

以后的家长会，我肯定会请你发言的。因为教师不该眼里只盯着一部分人。我希望你的文字，使很多家庭受益——当然，首先获益的，是你自己。

11月5日 / 星期五 晴

## 带 读

《我叫“神舟号”》。

准备几分钟，就能正确读完全文了。但字音呈一个一个的颗粒状，语调很拖沓——用了几乎整整一节课的时间，一句一句地带，教他们“读出语感”，教他们把声音由机械僵硬变成与文意相对应的柔和灵动、起伏有致。

效果不错，如果等他们养成习惯，再要扭转，就难了。

同时还告诉他们什么是文章中的“段落”，什么是“双引号”“对话”。

11月8日 / 星期一 晴

## 四分之三

田地干得冒烟了——可怕的秋旱。

星期四考试。结束了《我叫“神舟号”》。

上午问：“周末家长带着复习的同学请举手。”约四分之三的人举手。

下午问：“汉语拼音表周末在家背诵默写过的举手。”约四分之三的人举手。带着他们反复读、背，很有一些孩子表情痛苦，其状甚不耐烦——这是自然的事情，炒剩饭哪有学新知来得痛快？

写上“11月8日会背会默”，请家长签字。我知道，对于很多孩子，这已是多余。不再布置抄写——对于已经会的，这是惩罚；对于不会的，这种动手不动脑的书写未必有效。

班级教学的弊端在于，无论你怎么安排进度和难度，永远不可能做到面对“每一个”。所以，我只能就着大多数，而且尽力避开伤害学习积极性的机械作业。

至于少数急需补缺补差的，该是父母带他们做的，则绝不可因之而让大多数同学跟着磨洋工，受机械劳作的累。那是对中上类学生生长能力的压抑，是拽着大家往下坠。

没办法。必须有所亏负的时候，决定我取舍的，一是人数的对比，二是家长努力的对比。我相信在绝大多数情况下，孩子的成绩和家长的付出成正比，我可不能奖懒罚勤！更主要的是，那样的“弃强扶弱”，其效果甚可疑。

至于将来——恰是那些现在“跟上来”的家长，将来可以早些脱手。一旦孩子爱读，一旦到了孩子催着家长不断给他们买新书的时候，哈哈，语文将是最先驰出家长视野的骏马，语文必是载起其他功课乘风远航的浩荡江水。然而，对于我来说，这些都不重要。我要的是，语文是他们可以憩心骋怀的，且随他们的长大一起生长扩展的美丽世界。

类似的任务，芷眉让孩子自己给自己签字。这个办法实在好，令我佩服得紧，它的好处不言而喻是兼及了自学、自律、自尊等方面的问题。

我想试试，先从一次都在学校完成了的任务开始，慢慢过渡到需要回家继续一点点——当然，这是后话了。

美丽的设想。

## 少说了三个字

下午，思品课的后半节写生字。

“薛老师！”李旭冉大声呼喊起来——正所谓口无遮拦，想说便说啊，他一向如此，“‘的’是不是轻声？”

“怎么人家都知道，偏偏你要问呢？”

他眨眨眼，低下头——桌面太小，和很多孩子一样，写字的时候他将书摊开在抽屉里，写一个看一回。

“薛老师，‘的’是不是轻声啊？”他又喊起来。

“自己看书去！”我有些生气了——孩子复低头。

“薛老师，书上的是轻声！”他第三次喊起来。

“知道就行了，你给我好好写行不行？”我几乎在恳求他了。

大约两圈踱毕——“薛老师！”他不等我回答，急切地指着黑板，“你写的‘的’是第一声！”

我抬头一看，顿觉惭愧无比，赶紧上去改正：“大家看好了，这个字该是轻声的，老师写错了。你们知道吗？”

“我们知道。”有人轻声说。

“可是只有李旭冉看得最仔细，他帮老师指出了错误——他可真棒！”

现在想起来，惭愧还在。因为当时我少说了三个字——“对不起”。

## 多事之秋

最近很多孩子重感冒。上午化雪纯打了吊针，下午她来了，穿蓝色花褂的小姑娘看起来特别惹人爱怜。咳嗽之声不断，开了窗户怕他们着凉；关了窗户，病菌浓度太高的空间更不利于健康。于是我时时摆弄窗户，一会儿将这扇全开，一会儿将那扇半关。

11月10日 / 星期三 阴

## 更深更可靠的

现在是上午第一节课。满怀难以按捺的喜悦，我击键如飞，敲出心头的快乐。

小鸡小鸡叽叽叽，
跟着妈妈学啄米。
看见天上老鹰飞，
躲到妈妈翅膀里。

早自习，一首接着一首，孩子们读着笑着。巡视其中，我心里想：今天会有什么美丽的事情发生呢？——天，请原谅我的贪婪，因为我付出的并不多。

先是每首读两遍，然后每首读一遍，十四首温习完毕。下课的铃声还没有响起，沉浸在儿歌带来的快乐中的孩子们笑盈盈地看着我。说些什么呢？我随口问："都会背的举手。”

臂立如林，大约有三四十吧——居然有周子善！他就是上周唯一基本不会读的那一个。

“周子善，你会背吗？”

“是的！”他站起来。

“十四首都会？”

“都会。”

我拿过高尚的书说：“你背《猜一猜》。”

一头猪，呼呼睡，
两只耳朵四条腿。
两头猪，肥又肥，
四只耳朵八条腿。
三头猪，排成队，
几只耳朵几条腿？
你猜我猜大家猜，
看谁猜得快又对。

“你再背《小飞机》。”

我是一架小飞机，
一飞飞到半空里。

围着妈妈转三圈，
一头扎进她怀里。

“《老鼠送礼》。”

小老鼠，去送礼，
求猫别再吃自己。
猫笑了，谢谢你，
一把抓进嘴巴里。

连查三首，读也好，背也好，四周以来，这是我检查最严格的一次。巨大的喜悦冲击着我，喜悦由笑容和声音放射出来，照亮了师生同在的精神空间。

“周子善，告诉大家，背儿歌快乐吗？”

“快乐！”挺起胸膛，他大声说。

“再说一遍！”

“快乐！”这一回，几乎是全班人在呼喊。

于是我破了自己的誓言：“同学们，让我们大声赞扬他。”

在老师的带领下，赞美之音声震屋瓦：“周子善，你真棒——我们大家都很棒！”

回到办公室，我对小安说：“在不做硬性要求的情况下，周子善的会背，越来越多人的会背，才是最可骄傲的！有一股更深层更可靠的力量正在形成和积攒啊，想想忍不住心发热。”

上次的家长会上，讲过洪亚男“要分”。关于周子善，我的原话是：“这次的读书检查，只有一个人基本不会读，得了 60 分。五十五分之一，我这做老师的都舍不得放弃啊；请问做父母的，孩子是你的全部，你就舍得放弃吗？”

曾经想过会上点名，也想过会后谈心。终于，我没有做。

现在看来，把信任交给家长，把力量倾斜到唤醒和点燃上，无疑是对的。

谢谢周子善和他的父母，对于我，这是一个巨大的鼓舞。

明天考试，也许他只能得六七十分——但这有什么关系？我们辛苦教语文所为何来啊，只要他尝到了读书的快乐，喜欢读书了，所有的问题，就都将如入了热水的盐块，自会溶化的。

37 人会背。除了周子善，原来读得不太好的借读生施俊瑞、聂大伟、李玉雯、朱丽丽也会背了。

11月11日 / 星期四 阴雨

## 更重要的是

太忙乱的一天。头昏沉，眼倦涩。好累！

期中考试成绩：90分以上37人，其中95分以上17人；80分至90分之间11人；70分至80分7人。全部及格。作为深知考试之难和考分之不足过分看重的教师，我很满意。

分量大，难度高，灵活性强。整整十道大题，那么小的孩子，能将注意力保持了一个多小时，一个音节一个音节地读出意思，并解答出来，多么了不得啊！如果你们假定自己不认识那些汉字，再假定自己是刚上学两个多月的小人儿，再回想9月1日之前自己懂什么、会什么，就会和我一样情不自禁地对他们产生崇拜之情。

面对分数，不要计算它离100的差距是多大，而要计算从“零”起步“长出”了多少——这样，只要及格，就是好收成。

在我看来，得90分是优秀，95分以上当属优异之列。80多分的孩子中，有不少是因为末两道题缺乏解题经验——

以后注意就行啦。如果家长能就丢分的地方强化训练，把问题解决在当下，那就更好了。

如何拿到活题的分数？除了必要的训练之外，更主要的是多读书，提高阅读、理解和表达能力。

真没劲！在我看来，语文说分，是最没有劲的事情。之所以头昏眼花还挣着在这里说这么多，是因为我理解家长的心情，是为了让读到的家长知道：一次考试的分数不重要，重要的是知识掌握了没有，更重要的是孩子是否喜欢读书。即便是从应试的角度考虑，从长远来看，读书也是所有功课植根的土壤，它的贫瘠与丰厚，关系实在重大。至于细心、考试经验之类的，至少有九年的时间学习呢，现在紧张什么？

## 故事背后的故事

九点半出去散步。阴雨之后，空气清冽潮湿，感觉很爽。走在跑道上的还有李宋杰妈妈。

说起了周子善——和叶少华一样，李宋杰回家也演说了一番。可以想见，昨天中午，有不少个三口之家在念叨周子善的名字以及“小老鼠去送礼”。这就叫以心摇动心，这就叫来自底层的热流。

“薛老师，你知道周子善为什么会背吗？上个星期六早上，我和李宋杰从菜场回来，路过周子善家，看见周子善妈妈一边，周子善爸爸一边，夹着把着地教他读儿歌——小孩子死活不开口，两个大人急得直冒汗！我们就进去了。周子善妈妈问：李宋杰，你会背吗？李宋杰说我会，就连着背了好几首。然后，周子善妈妈让李宋杰教周子善，那孩子终于发声了。才两三遍，周子善妈妈就让他背。我说：那哪行呢？李宋杰刚开始的时候，也要读很多遍才能背出的。正确的方法是：先一句一句地记，然后两句三句地连。以后慢慢加长，慢慢变快。就这么着，大约五六遍之后，周子善背下一首了。我们四个都很高兴！我告诉他，以后就这么做，然后我们就走了。”

“然后在剩下的三天里，他就把十四首都背下来了！这太了不起了。”我说。

“是啊，我和他们挺熟，知道他们其实很着急，只是饭店生意太忙，环境又差，所以没有时间和方法帮助孩子。”

“你也帮了我的大忙啊。你知道吗？虽然嘴上说得狠——‘爱跟不跟’，但是只要有一个人落下，在教师这里都是一个牵挂。如果大家都上来了，往后的读书，我们就可以考虑加快速度、扩大容量、提高难度了。所以，对于优秀生来说，帮人就是帮己——因为班级是一个有机整体，个人的发展和集体的进步是密切相关的。”

“是的是的，看到班级学习气氛浓，我们都很高兴。能助一臂之力的时候，我们决不偷懒。”

“太谢谢了。我的运气怎么这么好！净遇着感人的家长。”

11月12日 / 星期五 阴

## 无人可以代替

数学考试之后，发语文卷和致家长信。

“唐雅馨，你的表情怎么这么忧伤？”

“昨天晚上，我发烧了！”说着，小姑娘眼泪落了下来。

“不哭了，最近小朋友生病的很多，我们要勇敢地和疾病做斗争，是不是？”

“是的！”她抹抹眼泪，小脸依然苍白愁苦。

下午，李老师说：“考数学的时候，她已经哭过一场了。她说她昨天发烧，现在头还是昏的。我问她：题目都做出来了吗？她说都做出来了，可是不知道对不对。”

大人生病了，工作可以请人代班，小孩子呢？日有所进的紧张学习和考试，无人可以代替！

可怜，可叹！

11月16日 / 星期二 晴

## 懒惰一回

这些场景，这些瞬间，这些细节——这些爱的碎片，如果不是因了一双充满感情的倦眼的注视，它们连轻烟都算不上啊。我且在繁忙的间隙，于白屏黑字间，将它们留存珍藏了。

下午四点，刚敲到这里，熊伟进了办公室："薛老师，彭沁园寄给您的。"

是一张明信片。

敬爱的薛老师：

感谢您对我的教导，虽然我只是离开您一个学期，但仿佛已是千年。您教会我读课外书，这使我受益匪浅，我在初中的语文学习轻松多了。感谢您对我的教导。

祝身体健康！

您的学生：彭沁园

2004年11月10日

一股温暖流过心田。于是决计不再写开了头的“爱的碎片”，因为我很累。我想：且因那孩子的祝福，懒惰一回吧。今天，我用这种方式，回报从前学生的挂念。

如今她在西苑中学初一（4）班。如同对待自己的儿子，对于她——对于所有的学生，我的希望是：第一，身心健康；第二，正直勤勉；第三，综合能力强；第四，成绩不错。

11月17日 / 星期三 晴

## 种子在萌芽

“拣我们喜欢的儿歌背一背、谈一谈，好吗？”

2004年11月17日，从这天起，我们开始了读书谈话。秩序已经初步建立，“倾听”的习惯正在形成——唯有以此为土壤，发言质量才能确保，发言对同学的启发才可能产生。

“我喜欢《捞黑豆》！”

“背一背。”

谁家的豆仓缺了口？
漏了一河黑豆豆。
快来捞啊快来捞！
别让河水给冲走。
青蛙听了呱呱叫，
不是黑豆豆，不是黑豆豆！
那是我的小蝌蚪！

“为什么喜欢？”

"因为它好玩。"

"我喜欢《小驴要吃馍》！"

"背给我们听。"

小驴要吃馍，
馍呢，猫偷了。
猫呢，上树了。
树呢，火烧了。
火呢，水泼了。
水呢，鱼喝了。

"为什么喜欢？"

"我觉得有趣。"

《都是好孩子》《我做的事情也不少》《阿宝的耳朵》《采树种》……"好好玩""好有意思"，一首首儿歌，并诵者喜悦的笑、听者会意的笑，与不约而同的稚音一起，在愉悦的空气里，花朵般次第绽放。

"是啊，是有趣。除了有趣和好玩，我们还能说出不一样的理由吗？"

叶少华说："我喜欢《老鼠送礼》。'小老鼠，去送礼。求猫别再吃自己。猫笑了，谢谢你，一把抓进嘴巴里。'我觉得老鼠很可笑，他去给猫送礼，这不是去送死吗？"

“老鼠去给猫送礼，这不是去送死吗？说得真好，这就和前面的不一样了呀。你真棒！”

洪亚男说：“我喜欢《梦》。‘花儿的梦是红的，树叶的梦是绿的。露珠的梦是圆的，娃娃的梦是甜的。’我喜欢它，因为我姨娘是开幼儿园的，我在她们那里的书上也看到这首儿歌。”

“这让你觉得很亲切，是不是？不一样的说法，真好。”

我们还请同学读了父母在书上写的话，以及他们自己写的话——当然，大多数人都写得很简单。而且“一日一句”都不能连续。

在外人看来，这些算什么？可是在教师眼里，这是种子在萌芽，是值得百倍欣喜、呵护和鼓励的。而且，不以硬性规定，只以鼓励而催生出的孩子——也是家长的积极性，才是最可喜的。

11月18日 / 星期四 晴

## 喜出望外

上午，检查昨天的作业——看图编故事。

晏楚芸第一个上台。

下雨了，青蛙打着伞在散步，看见了三个小动物：小乌龟、小鸭子、小鸡。青蛙问："小乌龟，你要伞吗？"小乌龟说："不用，我有硬壳，可以把头脚缩进去的。"青蛙问："小鸭子，你要伞吗？"小鸭子说："不用，我的毛外面有一层油，我一抖，雨水就干了。""小鸡妹妹，你要伞吗？""我需要伞，因为我没有硬壳，我的毛也抖不干。""那我送你回家吧。""谢谢青蛙哥哥。"

此后大致一样。三四个孩子演讲之后，我开始说道：

轰隆隆！打雷了，下雨了！"呱呱呱——"小青蛙打着一把荷叶伞，在雨中快乐地玩耍。前面来了三个小朋友，是小乌龟、小鸭子和小鸡。他们都没有带伞。“小乌龟，小乌龟，你要伞吗？”“谢谢，我不用。瞧我的硬壳，这是我随身带着的房子，雨大了，我可以随时躲进去的。”“小鸭子，小鸭子，你要伞吗？”“谢谢，不用。我是水禽，我可喜欢下雨了！而且，我的毛外面有一层油，一抖，雨水就干了。”“小鸡妹妹，你要伞吗？”“我需要，如果被雨淋湿了，我会感冒的。”“那么，让我送你回家吧。”“青蛙哥哥，你真好，谢谢你。”

然后让他们再说，我提醒道：“这回，老师不光要喊举手的，不举手的，我也要让你讲。”

五六分钟准备之后，先是没举手的李德昊说，然后是举手的邢虎威说。他的叙述让我喜出望外：

打雷了，下雨了！“呱呱呱——”青蛙大哥打着荷叶伞，在雨中玩耍，遇见了小乌龟、小鸭子和小鸡。他们都没有伞。“小乌龟，你要伞吗？”“我需要伞。”“不，其实你是不需要的，因为你有硬壳，可以随时躲进去的。”“小鸭子，你要伞吗？”“我需要伞。”“不，你也不需要。你的毛一抖，雨水就干了。”“小鸡妹妹，你要伞吗？”“我不需要，我喜欢下雨。”“错了，你才需要伞呢，如果被雨淋湿了，你会感冒的。让我送你回家吧。”“青蛙哥哥，你真好，谢谢你。”

11月22日 / 星期一 晴

## 小灶

第四单元测验。最早交卷和最后交卷的，时间相差半个多小时。

90分以上31人，其中95分以上19人。差距主要在阅读、写话两题上——今后将更是如此。

其实，无论是基础知识、阅读还是写作，提高能力的根本途径都是课外阅读。比如“夏天”的“夏”，在课外书中见多了，即使不会写，也知道不是“上下”的“下”，于是老老实实写拼音，于是免丢一分。

除读书外，要想提高成绩，还要辅以适当训练。

“说说国旗的样子”，韩玉琤、胡婧怡写得最漂亮。她俩的文字，除了完整清楚之外，更难得的是标点符号使用恰当。没有充分的阅读和写话训练做根基，不可能达到这种水平。此功当归家长。

不会用标点扣一分，“星”和“形”写成前鼻韵母扣一分。在从前，我会觉得自己很残忍，现在不这么想了：因为要知道“没学过”的字音，就必须多读书，并且读得用心。

人家是借着课外阅读提高考分，我现在是以考分为手段，促使他们多读、用心读。

一分耕耘，一分收获，这很公平。

我知道天天有家长来这里看，这里就当是我给他们开的小灶了。我希望他们记住：班级智力生活是一个整体，对于优胜者而言，“大家好，我才能更好”。所以，希望读到的同志，能把教师的意图广为宣传。

11月23日 / 星期二 晴

## 第一次推荐读物

学生装在书包里的“另一本”，大多是“奥特曼”“流氓兔”“走迷宫”之类，很少或者没有文字，我该推荐图书的，可是哪有时间去书店呢？

昨天在胡婧怡的帖子里知道，鲍秉轩有一本《新编365夜谜语》，这真是个好消息。

于是，下午的语文课，众目睽睽之下，我从男孩书包里掏出那个“大部头”。扬手间，很多孩子嚷起来：“谜语！”

“《365夜谜语》！”

“不，是《新编365夜谜语》！”

“是的，这是一本好书。下课后你们可以读一读，猜一猜。”

这是我第一次推荐读物。

11月24日 / 星期三 晴

## “大江车去”

我不知道孩子们怎样，如果我连着两节课不听音乐，心里就有莫名的焦渴。

“班德瑞”初听很好，日子久了，电子合成的机械和浑浊就浮现出来。比较耐听的只有《早晨的空气》。

钢琴就不一样啦，即便是相对激越的《乱世佳人》也是那么的纯净。师生合了眼，尽情沉在音乐的流中，一曲终了，真有田野归来的舒适，满心满脑的清新明醒。

有时，下课铃响了，音乐还没有结束，大家接着听——如果离结束还有比较长的时间，我就告诉孩子们：“下课吧。”

开初可不是这样！铃声就是大赦啊，稀里哗啦，噪成一片。现在，他们很有点绅士和淑女风度了——这是由于我的引导，更是由于音乐的熏陶。

上午读书、读日记、讲试卷，很辛苦。

下午第一节又是语文，没说的，先听音乐吧。

曲名写在黑板上，他们照例读出来：“大——江——车——去？？？”

“不，是‘大江东去’！”

## “不——我不想”

55 人，49 人会背——包括他母亲也抱怨“什么都不懂，什么都不肯干”的王涛！

正如李宋杰妈妈所说，我们班的读、背儿歌，现在都“不用烦”了。现在的工作重点是引导他们动笔写。方法呢，也跟诱其背诵一样，不做硬性规定，只以充满激情的鼓励为动力，变“要我写”为“我要写”。

当学习能力提高的时候，如果不提高要求，对于孩子的发展是一种压抑——这将延缓他们的成长，并且滋生浮滑和惰性。

准备改每天两首为每天三首。征求意见的时候，他们嚷起来：“我都每天四首了。”“我五首。”“星期天我六首。”

我笑了：“翻到第 98 页，做上记号。我们以后再加。”——这算是吹吹风，让他们有个精神准备。

订正试卷的时候，李旭冉拉拉我的衣袖："薛老师薛老师，这个星期每天几首啊？"

"还是两首——你想加到三首吗？"

"不——我不想。"他嘴一噘，满脸真诚的畏缩。

"哈哈哈哈……"多么开心！

孩子啊，当你能承受且需要的时候，不管你愿意不愿意，老师都必须撑展你的能力！这可是我的责任。

## 一（2）班没有差生

昨天上午，先做《基础训练》，再写生字。一半同学在教室完成，其他的带回家写。

下午交作业，丁雨辰、王涛居然一个字都没有写。放学了，我在教室堵住两个小家伙。

"老师，我忘记了。"两张小黑脸仰着，上面写满真诚无邪，没有丁点的愧疚和畏惧。

"在教室补好了再回家。"

"嗯。"刚要开始写，我又一转念，"他们要打扫，你们还是回家写吧，明天自己交给我。"

“好！”

今天早自习，一进教室，王涛就朝我摇本子，我这才想起昨天的事情。我也有忘记的时候啊。

回头找另一个，他也写好了。

真高兴！

本学期到现在，没有因为作业拖拉生一次气。第一，因为基本没有课后书面作业，即便有，也是“小尾巴”。第二，没有完成的，我相信他们确实是忘记了，从不认为他们有心偷懒。而他们呢，也总能按时补来。

一年级的娃娃啊，还要他们怎么样？

诺丁斯说得好：“你只有相信他是好的，才能期待他更好。”

苏大师说：“每一个孩子，都是抱着学好的心愿来到学校的。他们把无限的信任给了教师，教师怎能不报以一样程度的信任？”

教育是心与心的交融，一定要充分尊重和信任孩子。没有了信任，再高明的手段，再完备的制度，都是白搭。

能力的差距是天生的，好学的程度也不可能一致。教师要做的是，把哪怕一丁点的学习热情给放大、点燃，而不是用怀疑的心态，扑灭上进的火花。

或快或慢，或主动或需牵引，他们都在往前赶。所以，在我眼里，我们一（2）班没有差生。

至少目前是这样！以后呢，以后可不敢说了。因为教育不是教师单方面可以完成的，这是一个需要社会、家庭通力合作的系统工程——尽力吧！

11月29日 / 星期一 晴

## 文字就是乐谱

好课对人的震撼和影响，是强烈而持久的。这次杭州讲学、受教，最大收获，是认识了张敏，更深刻地感受到音乐的力量。不只是为了调节和滋养身心，我还要让音乐成为我语文教学中的要素。

早自习和第一节语文，全是读书。师生感觉之所以能一直觉得滋润，全是因为音乐。

《客从何来》纯净、舒缓，真如秋天高洁的天空啊。钢琴声中，我说："孩子们，让我们试试，看看行不行。"

凝神，静气，谛听，等待——觉得发声的关节到了，和着旋律，送出我的声音："7. 秋姑娘的信。秋姑娘摘下片片枫叶，给她的好朋友们写信。"

如是几遍地试，孩子们饶有兴趣地跟着我找感觉——"找"的感觉真好啊。感觉找到了，再让孩子轻跟，师生一起，让关切和温柔充满身心："……一封写给南去的大雁，让它们路上多加小心。一封写给要冬眠的青蛙，盖好被子别着凉生病……"

一遍又一遍，随时停下指点："贪玩的松鼠，这不跟你们是一样的吗？该怎么提醒它？对，笑起来！充满关心地！"

"一封写给贪玩的松鼠，快准备好充足的食品。"他们笑得多么温暖——大约想起我提醒他们"坐直写""用心听"的样子。

从头到尾，左手执书，右手随着音乐和文字的节律起伏波动，孩子们也这样做，体会"文字就是乐谱，读书就是唱歌"。这也是我们的舞蹈时刻。

"现在，请一位同学在音乐中朗读。什么时候开始，段落中间该停多久，自己找感觉——谁来？"

"我！我！我！"

"对不起！我只请那些认真听、认真读的同学。"几个人沮丧地放下了手臂。喧嚷惯了的人，要他倾听，是痛苦的——没办法。在萧玲赠送的《教育漫话》里，刚刚读到这样的句子："小时候孩子的容易塑造，正如水是柔软的，可以轻易改变它的流向。童年就是水。教育的根部，就是在童年。"那些沮丧的孩子，他们越痛苦，就越证明了积习的深重和纠正的必要。

音乐中，三个孩子先后起来读。因为一个人的声音很容易被音乐盖住，也因为他们又一次被告诫"爱听，才能发言”——大家屏息静听，效果甚好。

最后一个环节——“清读”。

“现在，音乐已经藏到你们心里了，已经藏到文字的中间了。读——好像钢琴还在弹奏。”

“……再写一封给山村孩子，别忘了给小树裹上‘冬衣’。”

“停！记得这时候的音乐是什么吗？当当当，当当——当！”模拟了一段乐音，“是响亮、激越的。对不对？山村孩子，想象，接信的是你们自己啊。赶快，快去给小树穿冬衣！听啊——音乐响起来了，拍子找到了，我们读！”

“再写一封给山村孩子，别忘了给小树裹上‘冬衣’。咦，树上的枫叶都到哪儿去了？哈，全被秋姑娘写了信！”

## 也是我的孩子

给周子善母亲打电话说了三件事。

一、感谢他们夫妻对孩子读书的重视。

二、希望他们以同样的激情对待孩子的每日一句——“我们天天看着他写耶，真磨人哪，不逼不行！”油渍的饭店老板，想象他们夫妻齐上，和孩子一起读写的情景，我好想笑哦。希望他们知道，如果坚持下去，发生改变的将是他们整个家庭。只收一份学费，便宜他们了，哈哈哈哈。

三、孩子下午上课经常睡觉，说明孩子睡眠严重缺乏，这不仅影响学习，也影响健康。冬天来了，这十分令人担心。“是的是的，我们只顾做生意，他天天睡好迟。”“这种情况再也不能持续下去了。第一次家长会上我是怎么说的？健康第一。你们吃苦挣钱为的是什么？钱就那么好，要用孩子的健康去换吗？哪怕少赚钱，也要保证孩子的睡眠。否则我不答应！”“好好好，我今天晚上就腾出一屋，让他上三楼睡去。”

可爱的张敏，网名“管得宽”——我才是真正“管得宽”呢。我相信，如果困难发生在爷爷奶奶那里，我也会孜孜不倦找上门的。

因为，他也是我的孩子。

## 勇敢的男孩

下午放学之后，王涛去玩健身器材，右手大拇指被夹伤了，指甲乌黑且错了位，一路滴血，被看见的大人送到办公室。

先打电话告诉他家长，然后带他去医院。我边走边说："王涛，你知道吗？你很勇敢，老师很佩服你。"

"我缝针都不哭！"

"你还缝过针？为什么？"

"一次是上面，膀子；一次是下面，屁股。缝上面的时候我六岁，我哭了；缝下面的时候我七岁，没有哭。"

"真了不起。你今年几岁？"

"七岁。"

进了简陋的乡村诊所。

"要缝针吗？"他担心地问。

"不用，洗洗啊。"医生说。

"这有点疼了，王涛。"

"不要紧，我忍忍。"他闭上眼睛，头向后仰着，随着盐水的冲洗和棉球的擦拭，他小小的身体在颤抖。

由于孩子配合，伤口一会儿就处理好了。开单拿药的时候，带他去自来水龙头，一边给他洗左手，一边继续和他聊天——我想分散他的注意力。

"你现在儿歌背得真好啊！"

"是我自己背的！"

“你太厉害了！”我由衷赞叹，毫不怀疑。

“天天都是我自己读自己背的。”

“你为什么一定背呢？”

“儿歌就是要读要背的。”——也是，我往100分上的猜想，是多么势利。

“上面为什么缝针？”

“破了。”

“下面为什么缝针？”

“感冒！”

“哈哈哈哈哈，那是打针。”所有的人都笑了。

“这孩子真坚强！手烂成那样，一声不吭。”医生赞叹。

“因为是老师带来的。妈妈在跟前，就不一样了。”另一个人说。

“王涛，他们说得不对。我们早就缝针都不哭了，对不对？”

“对！”

“跟医生说谢谢。”

“谢谢医生。”

继续聊着，送他过了马路。他说他自己能行——我知道他行的。

11月30日 / 星期二 晴

## 定力——最重要的非智力因素

上午初学《看菊花》。

“自己读，读一遍画一笔。像这样，写完一个‘正’字，就试着背诵。”

“8. 看菊花。星期天的早晨，爸爸妈妈带我去公园看菊花……”孩子们忙碌起来。

大约三遍之后，有人继续读；有人东张西望；有人做小动作；还有人一边偷眼瞄我，一边找人说话……

浮躁。对于孩子来说，这很正常。连读五遍，确需定力。而培养定力，正是我的职责所在。因为对于每一个人，定力，都是最重要的非智力因素。

检查自读情况了。丁若琳、肖君军、王艺伟，果然，特地点出的三个家伙，都有一两处读得磕磕巴巴。

一字一句，面带笑容，我不厌其烦地告诉他们，也告诉大家：“喊你，就因为你读得不耐烦，把时间给浪费了。如果你用心，哪怕读不好，老师也不怪你。可是读不好，又不好好读，这就不行了。这是第一次，以后，下课站五分钟！”

第一次这样说的时候，部分人神色不安；说到第三次，很多人捧起书，嘴唇翕动着，在下面“偷读”。哈，这正是我期待的！

“再给五分钟，够读两遍。该干什么，自己看着办吧。”

再瞧这一回，一个比一个专心，摇头晃脑，全神贯注。

惩戒是必需的。没有惩戒的教育，是独腿软骨的巨人，立不稳，更不要说长足前进了。

## 妹妹就是妹妹

六分钟后。

“方子妍，你读。”

没人站起来。

我看着叶少华身边的小女孩：“方子妍，你读。”

她只顾翻弄书页，不看我。

怪了，难道弄错了？跟我一样，很多孩子将头在一模一样的两个女孩中间来回地摇，最后，又一齐将目光锁定在第一个。

“你就是方子妍，你为什么不站起来？”

“我不想读！”嗓门挺大，声音里带着明显的抵触。说话间，脸也红了。

“好，你不用读。下课后，告诉我为什么。”我转过脸，对着周子善旁边的那一个，“方子裕，你读。”

这一个站了起来，其声如蚊：“8. 看菊花。星期天……”

“停！大声，让前面的薛老师听见。”

她直了直身体，大声读道：“8. 看菊花。星期天早晨，爸爸妈妈带我去公园看菊花。”

准确、流畅，起伏有致。因为她的出色朗读，也因为我的带头倾听，同学们的注意力很快转移过来。

“到现在为止，朗读一共查了四个。大家说说，谁读得最好？”

“方——子——裕！”不约而同，异口同声。

再转过头，那一个已是泪落如雨。“方子妍，现在你想读了吗？别不好意思，起来吧，我们好想听哦。”我伸出手，轻轻拉她。

终于，这一个板着脸站起来了：“8. 看菊花。星期天早晨，爸爸妈妈带我去公园看菊花。公园里的菊花好看极了。黄的，白的，淡绿的……”

准确、流畅，语调单一，速度稍快。仿佛在和谁赌气，一会儿，就读完了。她嘴一鼓，坐了下去。

“方子裕跟方子妍，谁读得更好？”

“方——子——裕！”不约而同，异口同声。

“为什么？”

“她读得很有感情。”

“她读出了对菊花的喜爱。”

“她读得有高有低，有快有慢。”

“方子妍，你同意吗？”

“同……同意……吭吭吭……”边哭边说。

一屋子的人都笑了。笑声中，我告诉她：“其实，你已经读得很好啦。开始为什么不肯起来呢？”

“我怕……怕……读不好罚站。”

“嗨！老师不是说了吗？罚的是不认真的，只要你认真读了，就算读不好，老师也不怪你。回家多读几遍就行啦。我再问你，后来为什么又肯起来了呢？”

“我……我……不知道！”大滴大滴的泪水落在衣襟上。

不再刨根，继续上课。

下课了，放学了。我将一对姊妹招到跟前。她俩从长相到衣着服饰一模一样——唯一不同的是发卡，方子裕的为朱红色，方子妍的为粉红色。

“方子妍，老师很想知道，后来你为什么肯读了？”咬定青山不放松，我太想知道了——今天不弄清楚这个重要问题，我怕午睡都不宁呢。

“不……不知道……”又要哭了。

“老师，我知道。她是想跟我一样，她看我读得好，也想读了。”

“你们谁是姐姐？”大多数情况下，我还是分不清她们谁是谁。

“我。”两颗门牙都落了，说话漏风，不笑也像笑。另一个呢，鼻涕拖拉着，还沉浸在哭的余波里。

“以后老师喊你，你就勇敢地站起来——知道吗？”

“嗯。”

“回去吧。”

“老师再见。”热情地道别，除了委委屈屈的那一个。

“方子妍再见！”我特别想听见她的道别。

“老师再见！”一手牵着姐姐，另一只手朝我摇一摇。

我觉得自己童心不泯，也很可爱。

所谓姐妹，不过相差几分钟——另一种理论告诉我们，其实先出来的那个才是妹妹。

可是“妹妹”的身份既定，她也就真的相对娇弱了。

妹妹就是妹妹。

# 12月 December

# 世界上最美最珍贵的东西

12月1日 / 星期三 晴

## 我相信！

只有两个人不会背——李想、王新宇。

七个、八个，一拨儿一拨儿来背诵。唯恐老师听不见，误认为自己不会背，一个个眼睛瞪得溜圆，嘴巴张得倍儿大：

小露珠，会照相。
照星星，照月亮，
照出一个红太阳。
照着照着不见了，

跟着太阳回家乡！

一头牛，八匹马。

五只母鸡一群鸭，

十棵桃树万朵花，

我家小院一幅画！

如此，汇报中心自然由读书倾向了写话。半节课的时间给写话打分，请他们朗读自己的“大作”，一个个争着抢着地读，读完一则还要读。

郭乐呢，听着听着，突然展开本子低头干活了。我知道她在做什么。

下课了，鲍秉轩、孙琪先还没有读呢。招呼他们上讲台，我蹲着，他们站着，四围的孩子跟我一样，侧耳倾听。

“老师老师，”郭乐来了，“我又写了一段话。”

几乎满纸是汉语拼音，我磕磕巴巴地读道：

11 月 31 日（哈哈哈哈，太有趣了。我偏不纠正！） 星期三

今天，我的书包上挂了一个好玩的东西。可是，李宋杰他非要说我书包上面的是玩具。

“喜欢天天写话吗？”

“喜欢。”漂亮的小姑娘，依然一脸严肃。

“如果妈妈不要求，你还能天天写吗？”

“能。”

我摸摸她的头，表示——我相信。

12月2日 / 星期四 晴

## 去甚、去奢、去泰

下午第一节课，做《基础训练》。一共六题，量挺大。第六题扩词，十二个字，每字组词两个，总共二十四个词。以他们现有的识字量和词汇量，若能独立完成已属不易，根本不用谈正确率。

口头说过，在黑板上每字组三词：“你们可以组不一样的；想不起来或者不能确定答案是否正确的，可以参考老师的；也可以在三个词中间选你喜欢的两个。”

物或行或随，或嘘或吹，或强或羸，或载或隳。

最快的，离下课还有10分钟就做完了；一贯吃力的几个，到第二节上课铃响还没写完。第六题，如我所料——他们抄都抄不正确，而且是一错再错，我不由得咬牙切齿！

“放学你们四个不要回家，全部写对了才可以走！”

呼哧呼哧，回到办公室，自己劝自己：“在外面做报告的时候怎么说的？‘也许放松更好些。靠天收吧，让他们投身于学校生活的洪流，高高兴兴跟着混，顺势而行，能走多远走多远。心急火燎、怒气冲天地抓，只能使他们对功课产生畏惧和抵触情绪，走向愿望的反面。’”

于是决定：放四个慢孩子回家，让家长帮助完成任务——签字，明天检查。如果还不行呢？那就算了！跟着大部队，兴致勃勃往前拖呗。

语文是讲究日积月累的，语文是可以一知半解跟着混的——对于弱孩子而言，“放松”，恰是意味着对其学习兴趣的呵护，何必在意一屑一砾的得失？

是以圣人去甚、去奢、去泰。

要心平气和，要承认差距，要灭掉强求一致、必将导致两败俱伤的控制欲；山高水低——各随其能——各随其性。毕竟，我不是圣人，要做到这一点真难啊！

铃声再次响起，去教室。

这堂是写字课，三个孩子再次订正完毕——他们在努力，他们也想好啊。想起苏大师的话：“即使是成人，你告诉他所忙的全是白做，做了不如不做，那也是令人沮丧透顶、无地自容的残酷行径——何况是学生！”

以极温和的态度，帮助他们第N次修正。至于那个离完成还差很多的李想，我先问：“爸爸妈妈能帮助你吗？”

"能。"

"愿意回家做吗？"

"愿意。"

"那好，回家做吧。明天我检查。"

明天，我可能会忘记。忘记，那又怎样？水至清无鱼，人至察无徒。要心平气和，要适度模糊。否则，两下里焦头烂额，相见苦愁。

12月3日 / 星期五 阴

## 谁来罚我站呢

因为讲座，太多朋友佩服我书香蕴藉、诗意流溢的口语表达。

“你咋做到的呢？”在杭州，来自吉林通化的同行问。

“简单的事情天天做。”因为她俩的漂亮，更因为她俩的东北腔，我特别愿意多说几句，“就是几十年如一日，不间断地修炼——工作二十年来，我的发声读书，几乎每天不少于半个小时。对我而言，这样的时刻，是超越平凡的幸福之旅。不是发自内心的热爱，不是源于灵魂的渴求，仅靠毅力，不可能做到。日复一日的这种修炼，与其说是坚持，不如说是但愿长醉不愿醒的精神享受。”

去年这个时候，儿子上学之后，我就温习《唐诗鉴赏辞典》；今年呢，大门一关，我就回被窝，和衣而卧，半睡半醒地将养自己。

早晨，在一片寂静中醒来，感觉颇不对劲。伸手取过闹钟——7：38！天哪！早自习已经上过三分钟了。

飞冲下楼，但见大雾笼罩——中门必定是关的。可是为了早一分钟进教室，我坚定地跑向中门旁边的围栏，纵身一跃，极其敏捷地翻墙而过。“作案地点”正对着一（2）班，所幸雾大，将对面教室淹没在白茫茫中。

呼哧呼哧进教室，听见窃窃私语：“老师来了！”

仅是一年之隔，今非昔比啊。突然想起那天我忘了告诉吉林朋友，教一年级以来，我的“每天发声读”，基本中断了！

李想比我来得更迟——她总是迟到。

早操时间，令她面壁而立。将要出门，突然想起问：“作业订正好了吗？”

“订正好了。”

确实订正好了，而且，孩子父亲还签了名。

谁来罚我站呢？

## 新的一步

数学李老师要听课，一、二两节连着语文——做单元测试A、B卷。第一次不带领读题，由他们自己做。向我询问的人很少，偶有疑惑，孩子们自己商量着就解决了。

这算是又迈出了新的一步。

## 谢谢萧玲

我是不“念”书了，可是一有空就逮住小安，让她读给我听，且美其名曰“抓胎教”。前几天，读玫瑰的《梳理课堂》；杭州归来，读萧玲的博士论文。

“写得真好，都是我们想不到的新视角。可惜的是，她只罗列看到的问题，没有告诉我们具体怎么办！”

我笑了：“每个孩子，每个班级，每个老师，乃至每个班级的教师组合，情况都不同，谁能给你方法？即便有，也只能靠自己摸索出来。对于只关注到教学和纪律的教师而言，有人用另一双眼睛看见、记录下我们所不自觉的东西，好比帮我们立起了一面镜子。借此，我们可以反思，可以正衣冠，谨言行，这不是很好吗？”

“那倒是的。想想，很多火发得确实冤枉，既委屈了孩子，也伤害了自己。总而言之，要心平气和。”

“心平气和，谈何容易。这才是痛苦的修炼呢。只要进了校门，每天都有动怒的诱惑，每天都有严酷的考验，尤其是班主任。不到退休，不能结束。正所谓工作不息，磨砺不止！”

一进课堂，就有处理不完的教学和教育事务。时间总是不够用，事先想好的话，总是忘了说。周一读到的好主意，到今天——周五下午放学之前，才得空告诉学生：将金属的文具盒换作软笔袋。

这种紧张，这种困厄，不足为外人道也。所有焦灼自己担当，尤其不能让学生觉察，不能传染给他们。外松内紧，这是一种策略，也是一门艺术。其目的，是让孩子们学得愉快轻松。

谢谢萧玲！

12月6日 / 星期一 晴

## 一件小事

虽告诉过他们，靠边坐的人放学之后负责关好窗户，可是小孩子的好忘也是正常的。

下班之前，习惯性地去班里转转，看见所有的窗子都没有关——叶少华正跪在课桌上，从最前面一扇起，在那里关呢。另一个孩子则自顾收拾东西，准备回家。于是，我和叶少华将所有窗户关好。

下午的品德课上，说起了这件小事，告诉他们什么叫作“关心集体”。

我相信，来自身边的榜样，其影响胜过精彩的说教。

12月7日 / 星期二 晴

## 三个“每试必考”

上午，第五单元测验。

教师不再读题——这是第一次，估计其他学校离这一步还很远。因为课外阅读，孩子们已经具备了读题能力。

成绩如下：

90—97分，22人；

85—89分，10人；

80—84分，6人；

60—79分，13人；

不及格，4人。

成绩比较好的同学，都是听课质量高，课外阅读、写话比较勤奋的。随着语文学习的深入，试卷将越来越侧重于对学生分析、理解、表达诸多综合能力的考查。要提高综合能力，光靠抠教材是远远不够的。学生只有在掌握书本知识的前提之下，投身于课外阅读的汪洋大海，才能练就搏击风浪的本领。

按照课文内容填空，是每试必考的。

低年级每篇课文都要背诵，对此，课后习题有明确规定。本单元我没有请家长检查、签字，因为所有课文在课堂上都读了 20 来遍，我以为，如果还不会背，基本上就是不能背的了。我不想因为个别孩子，给所有家长增添负担。而且我以为，对于那个别的孩子，即便硬压着，一时会背了，几天一过也是照旧忘记的。

直面孩子能力的差距，不强求一致。这样想通的结果，是自己轻松了很多。我丝毫不以为这样对于弱孩子及其家长是不公平的——因为只要他有心，他不可能不看孩子的书，不可能不知道课后的基本要求。如果他是不管不问的甩手派，我的忙碌岂非吃力不讨好？

每一单元结束之后，“练习”里涉及的诸如“拼音总表”“月份大小”“看太阳认方向”是每试必考的。只要上课用心听讲，认真完成作业，并做适当温习，应当不成问题。

组词、写话、短文阅读分析也是每试必考的。除了勤奋读写、适当训练，没有任何捷径可走。

一个多小时之后，还有七个孩子没有做完，我毫不通融地收了他们的卷子，因为低年级考试给定的时间是一个钟头，磨蹭的习惯一旦养成，将延缓他们学习能力的提高。而且，对于那些一节课不到就做完的同学而言，拖延时间意味着不公平竞争。

12月8日 / 星期三 晴

## 老师也不守秩序

小螺蛳，真可笑。
盖房子，不动脑。
前面造的宽又大，
后面造的尖又小。
自己想想难为情，
见人就把门关好！

八个孩子八张嘴，对着我的眼睛，起劲地背诵着，唯恐我听不见，唯恐我误以为他们是滥竽充数的南郭先生。

小眼睛、小嘴巴的是高陈。此刻，和别人不一样，他并不抬眼看我，耷拉着眼皮念念有词。看着他因用心而眯成一条线的眼睛，我不禁想起昨天早操时的情形。

从前往后，我一溜巡视过去——其实我在看孩子们的耳朵，我有这个爱好。一览无余之际，再一次发现，我们班小朋友几乎个个都是“大耳贼”——而“大眼贼”，是我对儿子的爱称。

高陈的耳朵堪称硕大无朋！上下都是肉乎乎的，煞是可爱。忍不住的情况下，我伸出手来，拨弄了一下他红红的右耳，然后面无表情地径直过去——走了一半，猛回头，高陈还在回头看我呢。几个孩子对着他笑。

他们一定奇怪——老师也不守秩序！

12月9日 / 星期四 晴

## 世界上最美最珍贵的东西

好暖的冬啊！

早操时间，抬头之际，惊讶于天空的湛蓝，正所谓一碧如洗、纤尘不染，蓝得让人目瞪口呆，蓝得让人机心顿消——恨不得立刻融化进去，变作一样的澄澈、空灵、美丽。

第一节就是俺的语文课。一进教室，我就告诉他们：“我们排队出去，老师带你们看一样世界上最美最珍贵的东西！”孩子们惊喜又诧异，我将嗓音放低，用充满怜惜与呵护的语调接着说：“最美最珍贵的东西，如果我们不小心爱护，将来就再也看不见啦——排好队了吗？轻轻地，不要吵，跟我来。”

孩子们轻悄悄来到操场的正中心，跟我盘腿坐下，抬起头，对蓝得最深的西边定定地看了半分钟。

然后回教室上课！

## 借读生

萧玲在博士论文里说道：不仅仅是学习成绩差的同学易遭歧视，家境特殊，长得丑、长得黑，身体或者性格缺陷等都可以成为孩子在同伴中受歧视的原因。

上次选举少先队员，发现农贸市场的借读生入选率太低——这不是文明标兵，30 个名额，居然只有一两个当选。对比 16∶55 的人数比例，这也太不相称了。

要注意，要从显扬他们中的优秀者着手，逐步地、不露声色地扭转这种潜在的歧视倾向，以带动、激励这个不小的群落。

因为班级是一个整体，整体好的前提是每一个人都好，何况是一部分人呢？

12 月 10 日 / 星期五 晴

## 有子如此

6:30，家门口。将要下楼之际，儿子再一次不放心地叮嘱他不负责任的妈妈：“记住，12 点，不见就散！”

7:30，学校走廊上，我对负责考勤的周向红说：“小假，10:45 离校，给儿子配眼镜。”

10:45，第三节课结束，还有不少孩子没写完生字——他们在前面的《基础训练》上耽误了不少时间。看一个，走一个。错的，擦了重写；不规范的，擦了重写。窗外的爷爷奶奶着急，我比他们还急呢。但是，不完成，不查过，是决不能放行的。一则，他们未必记得做完；二则，质量难有保证；三则，磨蹭的习惯将更顽固，同学之间快慢差距将更大。

当然，随着时间的推移，我不可能总这么“严防死守”。“初级阶段”一过，看情形不能短时间内提高速度，建立时间观念的，就只有慢慢来了——所以，对于这些慢孩子而言，教师现在的盯，是改变自己的最佳机会。

11:20，最后一个人做完了。

飞奔回家——没说的，坐出租车吧。儿子 11:30 放学，我可不能让他白等我。之所以这个时候配镜，也是为了避免周末耽误半天。

坐在车上，觉得疲惫且头晕，心里又一度隐痛——这样的辛苦，儿子每天体验两趟。

车到地点，问司机："几点了？"

"11:59。"——好紧张。

站在豆浆店门口，犹豫不决："永和豆浆"怎么变成"喜年来"了？进不进去呢？

门开了，出来一个俊朗温煦的帅小伙，笑着朝我招手。顿时，眼前这个刚才还让我满心狐疑的地方，变得温馨、亲切，竟然有了点家的感觉——儿子在这里等我呢。

靠里的桌上，半根油条，半碗豆浆。

"我今天真斯文！半根油条，半碗豆浆，吃了二十分钟。妈妈，你想吃什么，你点吧。"

等面条、炒饭、萝卜、甜豆花都上来了，我才觉出要多了。

"不要紧，我们尽量吃，吃不完打包。"儿子轻轻说，带着他一贯的温和的笑。

音乐中，他轻轻告诉我：科大自主招生开始推荐人选了。班干部优先，但必须要在班级前 10 名以内，还要报教委、招生办什么的一级一级审批，还要审查高中以来所有考试成绩……

“希望我能参加自主招考，毕竟多一次考试，多一层保险，就当锻炼了。不过呢，拿不到推荐表也不要紧。不管上什么大学，最重要的还是在自己。北大、清华每年也有劝退的学生，是不是？”无声地，我笑了，感觉有说不出的欣慰——这些话，原本该是我讲的呀。

“儿子，恐怕我们的学生家长里，很有几个希望你上科大的。”

“不要抱太大希望，不要给我压力。”

整整3年，基本不操心的母亲啊，我有什么理由给他压力呢？

再说，有必要吗？

有子如此，再多的疲惫和不称意都烟消云散。

儿子啊，我当如何谢你？

12月13日 / 星期一 大雾

## 挺 住

时间紧，任务重——考题难。

安徽版A、B卷讲解完毕，江苏版A、B卷只有发给学生，让家长帮助他们了。明天我来讲解，否则，快等慢，多少时间都耽误了。

时间紧的原因在于：一、朗读指导耗时；二、每周读书占用了两个课时。

但是，语感和读书习惯的培养，是关乎一生的长远之计。在我看来，这是头等重要且一天都不能迟延、一次也不能放松的。如果你的眼睛只盯着应试，你就永远没有时间“务虚”。

“务虚”的好处就在于，为孩子将来的发展奠定扎实的基础，备足雄强的后劲。

凭着前四届的教学经历，我知道，轻重缓急当做何抉择。

当然，考试也是必须面对的。上次成绩不理想，不仅家长深受刺激，关心此帖、关心一（2）班的网友“笑雨儿”也提出了质疑——我很感谢她。

但是，只要想到最缺乏主动性的孩子的阅读量也是教材额定字数的N倍时，我就无法不对他们的将来充满信心。

无论如何，再难再累，也要挺住，将读书进行到底。

差距产生的一个重要原因是教师没有带领读题。否则，80分、70分者，很多人分数能上一个档次——而90多分的，则不会有多大变动。阅读理解能力的差距是客观存在的，不读题，就是用分数的形式把原本隐藏的差距凸显出来。

22人90分以上，这就意味着可以向全体提出“超纲要求”，让他们自己读题了。现在的吃力，是为跟上队伍必须承受的辛劳。对于学生，对于教师，对于家长，这都是考验，我们必须挺住。

这是迟早要面对的差距，我不想盖着葫芦摇。我相信，此番刺激能让一部分家长奋起直追。

至于那刺激无效的，等也是白等。

非常认同苏大师的话：善把难题讲得容易，不是最好的教师。因为他只是教会了知识，却没有教会学生怎样学。

让学生直面学习中的困难，打破快乐轻松的神话——这是每一个明智的师长要做的事情。在这一过程中，学生收获的，将不仅仅是知识，更有毅力、恒心、克服困难的勇气等重要的非智力因素。

星期四测验。

是考学生，也是考我的教育理念。

12月14日 / 星期二 晴

讲江苏版的A、B卷，做《基础训练》。

紧张复习。

12月15日 / 星期三 阴

## 好感觉

太累，努力克制写的欲望，而值得记录的，又是这么多。如果不是眼睛坏了，6年里，我能为他们每一个写一本书！

少写一点吧。

读书课上，越来越多的孩子强烈要求上台读“另一本”好玩的书——读自己的日记。

齐读的时候，我总提醒他们声音轻些再轻些，少用嗓子多用心。

单独发言的时候，我则假装听不见，一再要求他们大声再大声。于是这些站起来的孩子被逼迫或者鼓励着，大声更大声——如此，发言的身姿也不由自主变得挺直起来，正对着教师，看我的眼神也变得坦荡自在起来。

我希望，从我的教室里走出去的孩子，既温文尔雅，又磊磊落落、堂堂正正。

教书，就是教做人。气质的培养，品行的熏陶，就在这分数不能衡量的点滴中。

这是我喜欢的事情。不用有人给予肯定，看见孩子因我一天一天不一样，这感觉真好。

朱丽丽读的是《猪八戒吃西瓜》。

12月16日 / 星期四 阴

## 一对劳模

7:00。

“别忘了，11点前我到家。”儿子叮嘱。

“有数。我请假回来做饭，让你多睡一会儿。”

“还是不大放心！”儿子嘟囔着——这几天月考，中午休息时间长，所以他能回来。

11:00。

“还不回去吗？”小安问。

“快了快了。”我马不停蹄地改。

11:15。

“难怪儿子不信任，难得中午回来一趟，你也不管人家。”小安站到我的桌前。她是儿子的小学语文教师，自然愤愤不平。

“反正已经迟了，下面条吧。”我头也不抬。

“这些可以算分了吧？我来吧。”

挺着不小的肚子，她拿了一沓去，我甚觉轻松！

“李旭冉的分出来了。”

“多少？”

“94 分！”

拿过卷子，但见最后一道写话题，语句通顺，标点正确。

“真是吃激素了。好恐怖哦，阶级斗争，一抓就灵啊！”

“抓和不抓，抓多抓少，早抓和迟抓，怎能一样？”

铃声响起，11:35——下班了。我俩纹丝不动，一直算完最后一份卷子才各自归去。

成绩如下：

90 分以上，26 人；

80 分以上、90 分以下，17 人；

70 分以上、80 分以下，9 人；

60 分以上、70 分以下，2 人；

不及格，1 人。

李智炫因病缺考。

进门，儿子看报呢。

“对不起，吃面条吧。”

“嘿嘿，我喜欢吃面条。”

挂钟指向 11:45，他要在 13:00 之前出发！

立刻冲进厨房，“乒乒乓乓”一通忙乱。

儿子听见了，跟进来：“不着急，我等一会儿不要紧的。”

“衣服还没晾！”

“我去。”

加上青菜、肉丝——龙须面的味道真不错！（“就你的手艺，鬼才信呢！”对着屏幕，小安的嘴撇得挺大。）

12:00，母子对坐，各自捧着大碗吸溜吸溜地吃。

这时候，我才想起来问：“儿子，上午考的什么？”

“语文。”

“哈哈！”

“妈妈，我知道你笑什么！”

“说！”

“你们也考语文了，而且比上次有进步，是不是？”儿子满脸嘚瑟。

我有些惭愧，立刻补救：“下午你考什么？”

“物理、化学。”

## “听一下”

《爱的问候》——柔和缠绵的小提琴声中，范读、跟读、自读了很多遍。终于记住了：“让音乐进到句子里，让音乐进到心里去。到了句号那里，听一下，接着读。”

不说什么“起伏”，不说什么“舒缓”。在一遍又一遍的读和悟中，他们渐渐拥有了一样精致、美丽的财富——语感。

现在，是培养语感的起步阶段，也是关键阶段，错过了，就错过了。机械呆板的声音一旦成型，将来费多少力气、耗多少时间也不能挽回。因为列车，会在偏离正轨的路上走得很快很远，惯性之大，与日俱增。

短短八句，音乐中读了半节课。

今天，我们用半节课时间“清读”。

“同学们，捧书，眼到——请想象，哦，音乐起来了，一、二、三——开始——”随着念书的声音，我手臂起伏如同乐队指挥。

“9. 大海睡了。风儿不闹了。”

“停！音乐藏在文字里呢，听一下！听一下！你们听了吗？再来。”

“9. 大海睡了（听一下）。风儿不闹了（哦？），浪儿不笑了（嗯？），深夜里（真静啊！），大海睡觉了（句号，听一下——）。她抱着明月（妈妈！），她背着星星（母亲！），那轻轻的潮声啊（哗——），是她睡熟的鼾——声——（真好，真甜美！）。”

如是，一遍又一遍，不断改变着指导和提示的语言，他们边笑边读，总不厌倦——又是半节课。读不到位，决不罢休！

大多数的时候，朗读训练靠情境，有时也要靠意志——我一定要让他们知道，老师是最顽固的家伙，读不好，决不放过他们！

明天干什么？

巩固朗读效果，写字，做习题——再没有时间做别的了。

再紧，我也要给足时间培养语感。

没有语感，语文成什么了？枯燥的知识的碎屑，无聊的淘分的黄沙。

语感是高贵优雅的精神之花，必须从小着手培植。

12月21日 / 星期二 阴有小雨

## 不着急，慢慢来

《北风和小鱼》。

许是因为天冷了吧，感觉这两天，孩子乖了不少。

作业速度有快有慢，快的孩子写完了，就掏出小而薄的课外书悄没声地看——难道，他们已经会默读了？

鼓励那“聪明懂事、安静看书”的。别的孩子出于羡慕，也跟着学样儿。学着学着，大约是可以由“眼到”而进入“心到”的。

随“学校生活的洪流”——懵懵懂懂，顺流而下。只要那孩子的天性不是太憎恨书籍，长此以往，阅读的习惯，大约是可以熏出来的。

不着急，慢慢来。

12月22日 / 星期三 ✻ 雪

## 顺流而下的“小蝌蚪”

读背儿歌、汇报日记和“另一本”的阅读情况——师生的写，应当是互相促进的。从本周起，我给他们读我的日记。

今天读的是《故事背后的故事》《比我教的还好呢》。

放学了，郭乐还在那里忙呢。

汉字加拼音，她写的是：“今天，我送给薛老师一张我自己画的贺卡。老师收下了，下课了，同学们都来追我，我不知道这是为什么。”

语句通顺，标点加得也很是地方。只可惜逗号的尾巴全朝上了！几条可爱的“小蝌蚪”，它们在郭乐的日记里，愉快无比，顺流而下。

哈哈哈哈！

## 即兴讲演

即兴讲演是我的绝活——当然，是要在特有兴致的时候。

下午，我让孩子们见识了一回：

“今天的读书课上，金佳岷给我们读了一篇很棒的日记：‘下雨了，天很冷，还有点阴森森的。我想，为什么不下雪呢？’

“于是，你们看，中午就下雪啦。为什么呢？因为我们都爱背儿歌、爱读书、爱写话，所以，冬爷爷奖励我们这么美好的礼物。

“这场雪是属于我们62中一年级（2）班的——《北风和小鱼》里，小鱼也喜欢下雪啊。来，读给老师听——读给冬爷爷听！”

孩子们一下子来精神了！他们神采飞扬，有情有调地齐声读道：“11.北风和小鱼……”

读得真好。

于是我接着说：“如果我们个个表现出色，如果天气再冷些，冬爷爷还会再送我们一样神奇的礼物。那是什么呀？”

“冰——花！”

孩子们多聪明啊，一片轻柔的翻书声后，一个个小脑袋瓜仰起来看我。他们已经做好了朗读的准备。

于是，童音响起来：“10. 冰花。小童清晨醒来，看见玻璃窗上结了一朵朵晶亮的冰花……”

外面的雪花纷纷扬扬，耳边的书声无比悦耳。想起玫瑰告诉我的：“看云，我们这里的一年级——那叫乱咯！”真想此时此刻她就在这里。

12月23日 / 星期四 * 雪

## 好儿子

一个月以来，儿子肠胃不适（他说自己在外面吃了不卫生的东西），学习状态不好。

这次月考，他落到了十几名——他说是高中以来最低点。

初三下学期，儿子学到晚上11:30。每天晚上，他睡了我才睡。

开学之初，我对儿子说："你读高三，我带一年级。母子都在最辛劳的时候，让我们各自勤奋努力，好自为之——妈妈恐怕不能全心全意照顾你了。"

白天太累，每晚10:30之前睡觉。儿子学到什么时候，第二天问他父亲我才知道。如果是在晚上11:30之后，我会很生气，因为我们的家规是："绝对不以健康为代价博取所谓成功。"

每晚10:30左右，学习休息的间隙，儿子必定轻轻悄悄摸到床边，躺下，一边做眼保健操，一边和我说话。

"儿子，沮丧吗？"我从被窝里伸出手，轻轻捏他的耳垂。

“还好。你放心，我知道怎么做。”

“除了自身原因，有妈妈的责任吗？只要你需要，你说，我一定做到。”

“没有。这是我自己的事情。”

“儿子，当你考试失败的时候，知道妈妈的感觉吗？没有焦灼，更没有责备，妈妈有的只是心疼。因为我对你关注太少，你知道吗？”

“我知道。没什么，我习惯了。”

“别人羡慕你，因为你成绩好。妈妈爱你，因为你是我的好儿子。你乖觉懂事，富有责任感、自控力。今天，妈妈已不在意你是否考上名牌大学。妈妈以为，只要健康、平安，我们就是幸福的。不是所有父母都可以如此自豪的。你相信吗？”

“相信。”

“尖子生算什么！有班级的地方就有尖子生，可是，像你这样的好儿子，却是百里无一的——张弛也是。”

“张弛确实好。”

“我希望你们能在同一所大学里读书。”

“估计他的父母也这么想。”

“物以类聚。”

“人以群分——干活去了！妈妈再见。”

“儿子再见！早点睡，让我放心。”

“嗯。”

12月27日 / 星期一 阴

## 听音乐

听音乐，照例写出曲名，学生依次念出：“梁——山——伯——与——祝英台！”

“你们知道他们？”

“知道！”几个声音在喊。

“梁山伯和祝英台，他们两人发生了什么事情？”

“他们都死了！”

“都变蝴蝶了。”

“是的，他们最后都变成蝴蝶了。”

“嗨！蝴蝶！螳螂！”

“蜻蜓！蚂蚱！我喜欢逮，一蹦好高！”

“还有蝈蝈！”

自发的讨论立刻热火朝天地开始了。

“喂，听音乐。”我喊。

12 月 28 日 / 星期二 阴

## “芽卫东”

对于明天来听课的茅卫东，学生有知情权。

照例，我在黑板上写字。他们读：“《中国教师报》，记者，芽卫东。”

忍住笑，我注上拼音，他们更惊奇了：“茅！——毛？”

## “一小时之内必须做完”

第七单元测验，90 分以上 29 人，80 分以上、90 分以下 19 人，70 分以上、80 分以下 2 人，60 分以上、70 分以下 2 人，不及格 3 人。

不懂得“日用品”的意思，绝大多数学生的谜语题都被干干净净地去掉了 5 分——其实，很多 95 分、94 分的孩子，他们的得分应该是 100 分、99 分。

所以，我很佩服他们。

问过他们：家长带领复习的时候，强调时间了吗？

很多人回答：“爸爸妈妈让我一小时之内必须做完。”

这次，孩子完成速度整体加快，整齐。王艺伟按时做完了。

项文静 100 分。

朱紫晖在稳稳地跟着走。

一对姐妹花——92/91、91/90，这次是 88/88。

12 月 29 日 / 星期三 阴

## 改奖品

第三堂，读书课继续进行。

“同学们，刚才的《花好月圆》我们没听完。我知道，大家很喜欢这支曲子。下面的汇报中，如果大家读得好，听得好，老师就把《花好月圆》作为奖品发放给大家，好不好？”

“好——”

“老师老师……”声音小得如同蚊吟，只有紧挨着她，我才隐约听见。我蹲下身子，极轻微地问：“盛建福荣，你说什么？”

“就是上次，我们听的那个，”眼睛看着地面，依旧是蚊吟的调子，可是我听见了，“《梁山伯与祝英台》也没有听完，我很想听。”

于是，奖品改为《梁山伯与祝英台》——可惜，还是没有听完。

## 答记者问

记者：你如何看待怀才不遇？

看云：这要看你想"遇见"什么，如果你想的"遇"是升官，是社会体制内的认可，那么就在相当程度上需要依赖外因，依赖遇见赏识你的上面的人。如果你将得志定位于和学生一起成长，并且获得幸福，那么，没有人可以挡住你求取和拥有幸福。怀才不遇对于我是不存在的。

记者：想过离开这里吗？

看云：我既不缺房子也不缺钱，为什么离开？

记者：如果在待遇大幅度提高的同时，离开可以让你有更开阔的施展空间呢？

看云：我离不开学生。

记者：出去也可以教书啊。

看云：我舍不得这帮刚刚上路的孩子，虽然地球离开谁都转动，可是因为我是爱他们的，所以总自作多情地以为，离开了我，刚刚上路的他们，好比被抛弃的孩子。

记者：对于将来，你有什么设想？

看云：没有，跟着感觉走吧。事情太多，也没有时间多想。

记者：你说你喜欢过安静的生活，讲学对你的安静有影响吗？

看云：不但没有打扰，反而促使我更深入地钻研教学，更细致地关注学生。

记者：不明白。

看云：出去，使我积蓄的能量得以释放；出去，接受同行的质询挑战，往往回来觉得动力更足，或者被掏空，于是更加勤勉地读书、思考，研究学生。可惜眼力太差，否则，阅读和写作的量，至少翻倍。

记者：你说过，不以为自己的工作对孩子一生有重大影响，为什么做得这么投入？

看云：是的，我从不高估自己的影响力。可是，我知道，只要我愿意，还是可以在他们心里留些爱的碎片的，为自己留些温暖的记忆。比如今天你听到的音乐和儿歌，将来他们必定想起，人生第一次听《渔舟唱晚》是在我的教室里；第一次整本地背诵一本书，是因为我的指引；我是他们一生中第一个用文字记录他们的苦乐悲欢的人——他们的爸爸妈妈，也是因为我才开始留意记录他们的成长足迹。芸芸众生，谁能影响谁？太多的夫妻，都不能彼此靠近！而我，能在55个孩子身上、一些家庭间留下或大或小或暂或久的影响，这多么好！

记者：同事说你也打孩子，是这样吗？

看云：是的，可是我的打，是洛克式的冷静理智，所以打得很少，但很有效果。

记者：最后一次打他还记得吗？

看云：我们都记得，是初三下学期，一次化学考试之后。我告诉他，以后再不打了。我对儿子的教育是，小学阶段抓阅读及行为习惯的培养，初中比较关注理科和英语成绩，高中基本不管。所以我起飞，很大程度要归功于儿子。在我这里，除了读写教的良性循环，还有一个更大的循环，是家庭教育和职业工作的循环。

12月30日 / 星期四 阴

夜里下雪了，早起天寒地冻。地上的薄冰溜溜地滑，我步履蹒跚如同老妇。

上午第一节语文课，一进门，吃惊不小：黑板上挂了一溜排的彩纸。他们，小小的他们，竟然会布置元旦联欢的会场了。

# 1月 January

# “凡事包容，凡事相信，凡事盼望，凡事忍耐”

2005年1月5日 / 星期三 阴

## 平平淡淡的一天

钢笔写字先喝水，
毛笔写字先湿嘴。
铅笔写字先脱衣，
粉笔写字磨短腿。

“每到星期三，就像过节。这一天里，总是有收获的快乐。”这是我的话吗？是的，我说过。今天，我在李宋杰的日记本上读到了，是他妈妈写的。

元旦那天，李宋杰送给我一张贺卡，上面写着："薛老师，你是最好的老师。"当时，我在心里说："我不是最好的老师。你的妈妈才是最好的妈妈呢。她又做家务又辅导你学习，每天还散步，一切安排得井井有条，多了不起啊！"

"不会背的自己站起来。"站起来的是李想和聂大伟。李想总是不会背，我总是说要打电话通知她父母帮助背诵，小女孩一哭，我就心软了——如此这般一而再地原谅她，其实有一个很私人的原因：《365夜儿歌》是我儿子的启蒙读物，也是他最重要的识字课本。他是读熟了它，将上面的字都认识了——先具备了阅读能力，然后才上学的。对于《365夜儿歌》，我有一份特殊的感情，我不想因为它而给任何一个学生带来不快。

其他53个，我相信他们说会背诵就真的会背诵——不再分小组检查，对着目录全班齐背就算过关。可是，为了防止懒惰者以为今后可以浑水摸鱼，早操之后，我还是在操场上找了几个抽查。

什么抽查呀，一听说我要听背儿歌，一个个都围上来，强烈要求背给我听。

洪亚男、高尚、周子善、丁雨辰、朱紫晖……一个个都背过，一个个都挺熟。看来，念儿歌，真的成了他们生活的必需了——真好。

汇报课外阅读了。

李卓然读的《夏天》，声音响亮流利，情节充满童趣，将所有人都吸引了。

……青蛙指着果果的肚皮说："这里有个小洞洞。"果果说："不，这是我的肚脐眼儿！"小熊围着果果转了三圈，蹲下身子，指着果果大腿中间说："这里有只麻雀！"果果说："不，这是我的小鸡鸡！"

教室里响起一片干净的笑声——我也开心地笑了，这种干净的快乐，只有在小孩子中间能找到。

拿过书来——《小老鼠丁丁》，作者郑春华；《365夜儿歌》里，也有她的名字。我在心里默默地感谢她、祝福她。

自由阅读的时候，肖君军空着手东张西望。我定定地看着他，对他说："你好可怜哦，你没有书可以读！"

"有！"他噘一噘嘴，转身掏出一本薄薄的"小画书"。打开来做认真阅读状——和最棒的一批孩子相比，这样的书，无疑幼稚了很多。但是我相信，迟早他会读完一本真正的"大书"的。因为开学以来，他总在进步中。他的变化，老师看在眼里，同学们也看在眼里，所以，八个进步奖中，有他的一份。

“用字组词造句——第一个字，进！”

“进——进步——老师说我进步了！”我刚说完，高岩松脱口而出，然后双臂相抱，端端正正地坐好看着我。

“是的，我是说你进步了。”我笑道，“大家都知道你进步了，这要感谢你的爸爸妈妈，还有你的外婆，连她都在为你的学习操心呢。”

一个月前，孩子上课注意力难以集中，孩子的母亲和外婆来到学校。在走廊上，我们谈了很久——很严肃。从那以后，小孩子的课堂表现好了很多，学习效果自然也好了很多。

放学了，睁着一双疲惫的眼睛的我，正在记录这些平平淡淡的小事，几个脑袋在窗外晃动，是刘智良、李智炫。

“有事吗？”开了门，我问。

“老师，今天的信呢？”李智炫问。

“呵呵，”我笑了，感觉很复杂，“今天没有了，老师太累了。想歇一回，行吗？”

“好的！”孩子们跑开了。

打开另一个文件，整理评语。关于评语，这届我这样做：每人给他日记一则，主题就是“你在我心中”。我也想用这种方法，逼迫自己看见孩子的亮点——看见所有孩子的亮点。

这些温暖的记忆，这些爱的碎片，是我用心——用将近瞎了的眼睛积攒起来的——值得吗？有人珍惜吗？

教育的十大谎言之一是：“老师，我永远忘不了你！”

可是，我是一个宁愿受骗的傻瓜。

李德昊探头探脑，等我开门，他已经跑开了。

“李德昊，找我有事吗？”连喊了两声，他才听见。

“老师，今天的信呢？”

“老师累了。今天不发，行吗？”

“嗯。”

该说的，基本都在信里说了。2004 年的最后一封，就有告别的意思。我希望好学上进的家长，能够自己看书、学习，自己研究自己的孩子。该他们做的事情，教师不可以代替。

家长和孩子一样，该上路的已经找到门道；没有上路的，让我们耐心等待吧——承认差异，直面差异，这是一个重要的教育原则。

《渔舟唱晚》《花好月圆》《空山鸟语》……今天听《平沙落雁》。古琴的声音多么好啊，激越、饱满、空灵、澄净。其他音乐给我带来的较多是听觉的满足，《平沙落雁》则极大地滋养了我的心灵。

舍不得睁眼看“嘁喳”的声音从哪里来，我一意听着，浸润其间。

渐渐地，我要带着孩子们沉入这样的音乐。

刚开学，根本没有办法让他们听《春江花月夜》——下一曲就是它了。现在，孩子们肯定是能听进去了。这是什么？这是修养在形成，是素质在提高，是灵魂日渐温润静美，是“内在的耳朵”日渐灵敏。

二加二等于四，
七加七等于几？
左手不够扳右手，
右手不够扳脚趾。
花猫见了喵喵笑，
真是一个笨孩子！

读到这里，大家都笑，教师也笑。

打分了。很多人除了在本子上写，还在儿歌的旁边写话——这是最初的读后感。

我看见，李智炫在这首《笨孩子》的下面写的是：“不能说他笨。”

我的心里微微一震，既有欣喜，也有说不出的酸楚。

“你为什么这样写？”

“老、老师，不、不能这样说他的。”

“是的，不能这样笑话学习吃力的同学。我们应当帮助他。”

真正的阅读，是要读出自己——学习比较吃力的李智炫做到了，别人也能做到；高层次的阅读要读出问题——在我们班上，学习比较吃力的李智炫第一个做到。

因为面对的是孩子，一直警惕着，不让自己的心灵变得坚硬，可是今天，我又一度感到惭愧。

感谢我的学生——我的孩子们，他们给予我的，永远比我给予他们的要多。

短信：

**在 2005-1-5　06:29:40，百变战警给您发送的消息！**

消息标题：RW: 没有当上“三好学生”

薛老师：

你好！早上好！

昨晚先生用电脑写材料，我没有来得及与你交流，所以今天就起了一个大早。

关于李德昊没有当选“三好学生”一事，我在当天即 2004 年 12 月 31 日就知道了。儿子在学校的喜怒哀乐他总是第一时间向我详细汇报，当时他很沮丧，只是我这次没有把它放在心上。因为我认为儿子有过第一次的经验，不需我更多的安慰。可是我万万没有想到低落的情绪延续到了元旦乃至现在。因为落选导致他那天游戏玩得很不开心，他说他那天没有笑。

昨天晚上，看到你的帖子后，我又耐心地开导他，但是我依然看到他身上存在挥之不去的影子，他的日记是在我们谈话之后写的。

“你没有当选‘三好学生’感觉怎么样？”

“很难过，真的很难过！”

“你们班‘三好学生’是怎么评的？”

“同学提名，然后老师把名字写在黑板上，再举手看总分是多少。”

“有同学提你吗？你得多少票？”

“有，我的名字在黑板上，20 分。第七名！就差 1 分就选上了。”

“你好棒哦！居然有 20 个支持者！”

“可是我又没有当选，我认为学校和老师的规则不合理。如果以后选什么都由同学选，我什么都选不上！”他有点在咆哮了。

“妈妈再投你一票！你是妈妈心中的‘三好学生’！”

“要是你能参加投票，我就被选上了。可是，你的票不算啊。”平静了许多。

“你提名谁了？”

“×××！”

“为什么提他呢？”

“因为他提了我！”

“老师宣读‘三好学生’评选条件了吗？像他那样符合条件吗？”

“不符合，可是——”

“你看！像你这么聪明的学生都不明白什么是真正的‘三好学生’，其他同学就更不清楚了，对不对？可见，同学选出来的并不一定都是真正的‘三好学生’，你说呢？你没有选上，说明你还存在一些不足，还需要努力，下次还有机会！你虽然没有选上，可是薛老师还是很喜欢你，爸爸妈妈还是很爱你！”

“妈妈，我明白了，你的意思是，我是薛老师和你们心目中的‘三好学生’！可是我存在哪些不足呢？”

“你吃饭的速度太慢，你写日记太磨蹭，还有……”

“可是这些也不是评选条件呀！”

“……”

或许，是因为他在上幼儿园时，过得太顺了，从来没有受过如此“挫折”。那时，他认为他是全园和所有老师的宠儿。对于学校生活与幼儿园生活的反差，他总是难以接受。但我认为挫折教育对他的成长是有利无害的。好在薛老师对孩子很了解，很及时地告诉他你的秘密，他中午放学回来就告诉我了，很起作用。非常感谢教育大师——令人敬佩的薛老师！

最后，我有个小小的请求，今天儿歌和日记检查时，请你让他上台读他昨天的日记《薛老师告诉我的秘密》。最好能给他打个400分——最高分，另外100分是嘉奖他没当选“三好学生”！原谅做母亲的无礼要求。

此致

敬礼

祝天天开心！

李德昊的母亲：周友娱

## 在2005-1-5　12:33:46，百变战警给您发送的消息！

消息标题：RW：我有点受宠若惊了

很高兴能得到薛老师的夸奖，我最不自信的就是自己的文字。不过，我最近经常研究薛氏教育理论，先生戏称我快成为教育专家了。原来大人也喜欢表扬，更何况小孩……

写自己所爱，感觉真的很好，越写越开心！天寒地冻了，我以爬楼梯替代了快走运动，与儿子一道。昨晚运动时，我问李德昊："妈妈上班整整十年了，你猜猜我最大的财富是什么。"

"是不是我？"他眯着眼问。

"是的，儿子是我最大的财富！"

"妈妈，我觉得你回答得不够完整，你最大的财富应该是家，而我是我们家中最大的财富！这样是不是更有道理？"

"儿子，你真棒！你比妈妈考虑得还周全！"

昨晚，儿子很开心，儿子是我的开心果，我是他最值得信赖的朋友！我们无话不谈，不管他是否领会，也不管我是否有兴趣。

你的回信和自己的感受，还有儿子的日记，我早就保存起来了。放寒假前几天，我准备打印两份，肯定不会忘记给你一份。

中午回来，儿子告诉我他得了400分，他笑得很灿烂，还告诉我："妈妈，我觉得'进步'比'进步——退步——进步'要好！"

1月10日 / 星期一 阴

## 关于《让音乐从空隙的深处涌将出来》

只要教学在继续，只要用心观察，班级故事就总有的写。玫瑰以为：“可以停了。”

读《教学机智》，总是想起我和这些孩子的生活点滴。上一届的事情，基本忘光了！于是有了新的写作模式：用自己的案例来解读教育大家的理论。

这就是最近一段时间的文字。不急，我想细细慢慢地读和写，看一本是一本，吃透了才不辜负这样的好书。

闫学说要给我邮寄林贤治的书。很想读《鲁迅的最后十年》和《人间鲁迅》，也算换换脑筋吧。

常丽华把《读洛克的日子》分次发给家长，家长反应热烈，这对于我是个不小的鼓励。一样的事情，我可不敢在我“自己家里”做，也太不谦虚了呀。

早晨，很多小朋友迟到。

讲卷子时，眼睛不住地朝外面张望——王方波、高尚始终没有来。

“这两个人，怎么老不来呢？”终于忍不住了，嘀咕道。

“王方波生病了。”苗慧婷告诉我。

下午，缺席的孩子又多了个盛建福荣，上午迟到的也有她。想起她脸上红红的两坨，我才醒悟：原来，这孩子发烧呢？

缺了三个孩子，没人坐的三个位子，让教师心里空荡荡、冷清清的。

希望他们在家休养好，希望他们明天都能活蹦乱跳地来上学。

1月11日 / 星期二 阴

## 第八单元测验

盛建福荣、王方波来了。刘智良带病坚持考试，朱紫晖没能按时做完。

第八单元测验情况：

100 分，2 人（高岩松、韩玉琤）；90 分以上、100 分以下 38 人，其中 95 分以上 24 人；80 分以上、90 分以下 7 人；70 分以上、80 分以下 2 人；61 分 1 人；不及格 1 人。

最值得高兴的是两条：

一、看图写话。语言通顺，句式完整，标点符号使用正确。不仅仅是逗号、句号、感叹号，那最棒的孩子，连分号、顿号都会用了。这是他们勤于读写的结果，也是家长按照通信要求“跟”出来的收获，教师可不敢贪天之功。

二、借读生中的大多数已经在 80 分的档次站稳，正“虎视眈眈”地往 90 分冲击。相比于职工子弟，他们从家长那里得到的帮助少很多。所以，他们的状态及发展态势，更能说明这个班级的精神风貌和学习气氛——唯有来自孩子们自己的上进心才是最可靠的。

接下来是复习。由于这次测验成绩比较好，教师、学生、家长都难免有松懈和自满情绪。常常见到的情况是后面的大考，反而成绩会有不同程度的下降——这时候，首先需要警醒的是教师。

其实这次成绩高的一个重要原因是教师带着从头到尾将题目读了一遍——这中间，很多嘴快的孩子将一些答案报了出来。考虑到这些因素，对于期末成绩有一部分人下降教师有充分的精神准备。

两周的复习，各个孩子用功的程度不同，各位家长督促的力度不同，都将在24日的那张答卷上显示出来。

“考孩子就是考家长啊，回回我们都跟着紧张！”那天，我家楼上的张悦媛母亲说。我笑了，想起了儿子的当年。

谁不是这样过来的呢？大家你追我赶得这么热闹，没有适度的紧张，怎能将能力发挥充分呢？现实摆在这里，除非你对孩子的将来毫不挂怀！

越说越远了。打住，做饭。

1月12日 / 星期三 阴

## 累并快乐着

“十四首都会背吗？”

“都——会！”

抽查重点自然是我以为困难重重的一批，但又不能让这些孩子觉出教师的不信任，于是特地点了两个优秀的孩子——高岩松和丁若琳。胡婧怡、晏楚芸愤愤不平：“为什么不抽查我们？”于是让她们陪着背，陪了一个又一个，高兴得跟什么似的。

丁若琳也是一个性格内向的孩子，从不主动发言。可是我知道，她是个心中有数的精明家伙——上周点名喊她讲《秋天到了》她就说得很好。果然，她背得滚瓜烂熟。

可是我还是希望她常在同学面前发言。卷上的分数是语文，这也是语文。

朱紫晖93分——最后一个交卷恰恰说明后面的题目都是他独立完成的，所以，也有可喜可贺的一面。

孩子们都抢着念课外书和日记给大家听——这些有声

有色的朗读，标志着他们的读和写呈现出“步步高”的可喜态势。

为满足他们的表现欲，我下课没回办公室，听他们排着队地到跟前读。

常睿琪读了故事读日记：踢毽子总也学不会，沮丧之下，她就玩藏猫猫了。

李想背得真叫熟！

她还翻开日记本，特意让我看倒数第二页：“老师，我爸爸写的。”

尊敬的老师：

首先感谢您对李想的关怀和教育。现在是晚上八点半，李想正在读儿歌，我想利用这个时间跟老师谈谈孩子的情况。

作为孩子的父母

就这些了，我不知道为什么他没有写完。相信，这绝对不是他愿意给我看到的——在最后一页，我还看见橡皮擦掉的字迹，不用太费劲就能辨认出，正是上面的内容！

信是没有写完，可是借读生父亲的心情我已经读到。

“你们挣钱多不易啊。送孩子来，不就是希望他学好吗？否则，流汗受累为什么？”

跟他们，我总是这样说。可是对于这些孩子，我的关心还是少了。

王涛 61 分。

王涛母亲对自己儿子的评价是：“什么都不懂，什么都不听。光知道痞！”

当时，我厉声喝断：“不许这样说我的学生！”

苗慧婷儿歌背得较差，这次测验成绩下滑也厉害，她的父亲没有手机，于是中午将电话打到她的家里。

孩子的父亲说她最近生病，我首先问候她，然后提要求——我还是希望她的学习能好起来。

希望并相信，苗慧婷下学期会有很大进步。

1月13日 / 星期四 阴

昨天复习汉语总表，今天复习课文——读读、背背、生字填空，然后写字。

1月17日 / 星期一 晴

## 从声嘶力竭到弹尽粮绝

挣着我的破锣嗓子，早自习和第一节连着说，讲解第四单元B卷，期中A、B卷——上周五在校做了大半，剩余部分回家做，并要求家长看一遍，否则不仅时间不够用，还要把快的急死，把慢的拖晕。

有听的，有看的，还有玩的——下面的学生是千姿百态；一会儿和风细雨，一会儿指天画地，一会儿雷霆万钧——上面的教师是从声嘶力竭到弹尽粮绝。终于没有说完："回家吧，我们明天接着说。记住，卷子要装在家里！"

"不！是放在书包里！"

"明天还要说！"

"老师，你讲错了！"一片兴高采烈和不依不饶——发现教师出错，他们总是这样欢欣鼓舞。

太阳穴一炸一炸地痛，我几乎晕厥："真聪明。真可爱！"

下午不能再说试题了，下午复习课文和生字。

1月18日 / 星期二 阴

## 另类评语

评语终于整理好了——每到学期结束，有哪一个班主任不为这劳什子发愁？

“遵守纪律”“热爱劳动”“团结同学”类的套话早已天怒人怨，“你是一个诚实可爱的小男孩”“你是一个热爱学习的好姑娘”之类言不由衷的奉承语也渐渐显出陈腐的套子状。

“怎么办？”杭州论坛的互动空间里，有老师提问。

我的回答是：“伤其十指，不如断其一指。最好的个人评语，应当具有不可替代的针对性。我打算从一年级开始做这样的尝试：学期结束，发给每个孩子日记一则，内容为孩子学校生活的一个瞬间。这是评价性记叙文字，是真正的镜头对准‘这一个’。所谓‘可爱’‘勇敢’‘诚实’等优点，都融在具体细致的叙述中。我也想用这种方法逼迫自己看见每一个人的闪光点。

“事实上，当我带着这种任务心去看学生的时候，心态也不由自主发生了改变。‘心平气和’，正从最初的自我警示变为一种稳定的心态。这样的文字必定挂一漏万，或许不算评语。

“为此，我征求儿子意见。他说，如果接到这样的评语，他会十分高兴和感动。因为评语再现了他自己也不知道的生活细节，让他惊讶地发现了自己的可爱，同时知道了教师真的在以热切期盼的目光注视着自己。他会因此感觉温暖，并获得前进的动力。比起我们追求的公正评价，也许这样的效果更接近我们写评语的目的。况且，每个孩子都是一个无限丰富、无限神秘的小宇宙，对于一个人而言，准确全面的评价并不存在。”

现在的评语就是这样的，主题为“你在我心中”。我不知道家长看了怎么想。可是让我高兴的是，已经有两位同事认为这个点子好，下学期也这样做。可是真要做起来，就比写千篇一律的评语要辛苦得多。是为记。

1月19日 / 星期三 阴

## 生意清淡

小乌鸦哇哇哇，它说小熊是傻瓜。
小乌鸦哇哇哇，它说白兔短尾巴。
小乌鸦哇哇哇，它说河马嘴巴大。
小乌鸦哇哇哇，就是不说自己差。

孩子们摇头晃脑地读，教师鼓掌击节——乐在其中。

两只小象河边走，弯起鼻子勾一勾。
就像两个好朋友，见了面就握握手。

久违的词句，让我想起儿子唱过的童谣，心里充满亲切。这是第196首，按照每天两首、日不间断的要求做下去，寒假一结束，他们就都背到第256首了。

开学一个月，这本书就“竣工”，下一本背什么呢？这还真是一个问题。小安说：“薛老师，市场上还真缺这样值得篇篇背诵的儿童读物。你编一本吧，一定很火爆的。”

我知道，也想做，可是眼睛和时间都不允许，尤其是眼睛。

这是本学期最后一节读书课，请人拍了一组照片留作纪念。

一为节约时间，二为满足表现欲。课间不回办公室，听学生读日记和课外书。

今天“生意”特别清淡，只有胡婧怡、晏楚芸一对好朋友念日记给我听。胡婧怡面无表情，声音也一样严肃平板；晏楚芸有声有色，语气里充满对于自己文字的惊喜和满足。两个小姑娘，你来我往，念了一篇又一篇，其他孩子呢，只顾玩，我想，是这几天的复习太紧张，孩子们累了。

## 效果不同的电话

周子善、李玉琢作业总是不能按要求完成，我隔三岔五去校长办公室给家长打电话。今天不耐烦了，我告诉对方：“下学期再这样，你们天天下午打电话给我——问作业。”

两家人居然都连声答应了。

王涛近来进步很大，呈现出“思维苏醒”的可喜状态，我在班级里一再表扬，并请他回家代为表扬父母。

上次的电话中，王涛母亲说：“我和他爸爸认真谈了，老师都这么关心孩子，我们也不能一心只顾打工挣钱了，再怎么也要留一个人在家，看着孩子。”

这里的借读生不少是父母常年不在家的留守一族，上届那个阴郁木讷的李江涛就是。

“一年到头，都是我和爷爷奶奶一起过日子。我很想念爸爸妈妈。过完年了，爸爸妈妈又要走了，我抱着妈妈的腿，哭着不让妈妈走。”我还记得，在周记里读到这一段的时候，我是怎样的难过。

听了王涛母亲的话，我很有成就感。几天以来，想起这事就高兴。只有教师的家里人知道，第八单元测验之后，王涛的 61 分，给教师带来多么大的喜悦。

1月21日 / 星期五 * 雪

## “心平气和”的总结

今天是星期五。下周一、二上午上课，下午考试；然后是星期三去安医附小阅卷；然后是填写、发放成绩单；然后是寒假。所以，对我而言，到今天，1月21日，本学期就结束了。

上午一上班，打开电脑，便接到萧玲来信：“儿子今天考完了，带回来复习期间做的十几套试卷，还有若干没来得及做的空白测试卷。我一一收起，作为残害儿童的罪证，一学期一个档案袋，现在好像一个都放不下了。可怜啊！”

我们孩子也可怜，10日以来，复习、做试卷，来回训练——超纲者比比皆是，很多题目是大人都绕不清楚的。

“这些缺德的东西，简直与学生为仇，简直唯恐孩子热爱学习，所以才挖空心思编些二百五的题目折磨老师和学生！好在家长程度不同地被我‘洗过脑’，知道从长计议，知道什么才是值得追求和珍视的。”那天的电话里，我跟萧玲说。

“就是就是，我儿子有一题，那才叫刁钻，把我们几个博士都难住了……”

“求你，不说那个好不好。我们换个有意义的话题吧。”

下雪了。郭乐在窗外探头探脑——我知道她想干什么。出门，接到礼物，一张蜡笔画，画上的小鸡正往炊烟袅袅的家里赶。从正面到反面，汉字、拼音相间地写着：“吃饭咯！郭乐。薛老师，这是我送给你的最后一份礼物，我祝你节日快乐。”

笑一笑，把礼物收进红包包：“错了，是这学期的最后一份礼物！”想起前天的品德课。“有悄悄话要跟老师说的吗？”纷纷举手，将耳朵凑近，于是收到一堆热气腾腾的秘密——

“老师，我想天天送礼物给你。”“谢谢你。”我说。所谓礼物，其实就是一句充满感情的话。对于一年级孩子来说，这是很好的写作练习。

“老师，我好喜欢你。”“一样一样！”教师的意思，天知地知，我知他知。这是悄悄话，可不能让别人知道了我们的秘密。

“老师，我希望你对我们严厉些。同学们最近的胆子越来越大了！”“哈哈哈，下学期我一定注意。”心里却想：老师岂不知过度亲密的害处啊？也是看快放假了，我才格外慈祥了些。

“老师，我们班怎么没有班长啊？我想当班长！”“下学期争取吧。”其实我是在打马虎眼。

除了朱韬任班长的第一届，我的班级里从来不设班长，只有大队规定必选的所谓中队委。所以，第三届周舒曼他们的首节英语课上，教师说：“请班长站起来。”一下站起来四个！萧玲说：“挺好挺好，班级里原不该形成权力金字塔。只要服务功能健全就行了。”

“老师，我觉得我最近进步很大，我想让你多表扬我。”“好孩子！你真棒！”四围的家伙，侧耳偷听，听得满脸茫然。

“老师，我想以后也当老师，教语文或者教音乐。”“你可以两样都教的！”

“老师，我喜欢吃爆米花。”“一样一样，我也喜欢。”泄露秘密可以给人带来巨大的快乐，我且失信一次——他是周子善。当时我心里一动，一句几乎脱口而出的话被压了下去：“如果你期末统考及格了，我买袋爆米花请你吃！”

之所以放弃一次浪漫，第一，不想让孩子把这样的体验与统考联系起来；第二，还有五年半呢，我带的是一个班，一群铆足了劲往上去的孩子（和家长），对他这样，对别人将何以为续？

笑眯眯地，李玉琢歪着脑袋看我来回奔听。我给她一个灿烂的笑容，同时说：“上次电话之后，你的进步真大！”回头看看周子善，他正抿着嘴，回味与教师分享秘密的快乐呢。“还是不能急，下学期，我们从头来。”我对自己说。

复习，看图写话。写好的前提是说得通顺，对着图，师生一起说——带着标点符号地说：“秋天来了（逗号），天气凉了（句号）。蓝蓝的天上白云飘飘（句号）。高大的树上（逗号），一片片树叶落下来了（句号）……”孩子们兴致勃勃，我很佩服自己的聪明——下学期，就这样办！现在他们只需写三五句话，先在一段里把标点符号学会了，整篇文章自然不愁。

傍晚，快下班了，教室里的灯还亮着。进去，我看见唐老师带着孩子们在扫地——今天是她儿子叶少华值日。聂大伟端坐在最后一排的位子上，专心致志做数学题。很快，我们就收拾好了。“李老师要你做好交给她吗？”我问。“不是。我自己……”他只说了一半，头也不抬一下。我笑了——我知道做题进入状态的感觉。“下班了，天也快黑了，我们回去吧。”“好的。”他说。开始收拾东西，有点恋恋不舍。

“小唐啊，你仔细瞧这孩子，你感觉到了吗？才一个学期下来，他整个人的气质都变了——干净、斯文、懂事、专注。60 分、70 分、80 分，一个台阶一个台阶，稳稳地往上升。他的爸爸妈妈几乎没时间帮他，奶奶不识字，爷爷看东西不清楚，聂大伟他几乎完全是课堂和班级的力量把他往上带。我很喜欢他，我想：学期之末的今天，最后一个离开教室的这个沉醉于数学的孩子是有代表性的——这没有家长辅导的孩子，更能说明班级的风气和发展趋势。"

"是的。体育课上，他的表现也很好。"

"老师再见！"笼罩于教师热切的目光，招招手，聂大伟走进纷飞的雪花。瑞雪兆丰年。学期之末这场雪，希望预示着我们的未来。为此，我将不懈努力。

晚上 7 点，儿子回来了。"妈妈，报告一个好消息，中午，我又品尝到了久违的饥饿感。"

"真好！妈妈的朋友也很关心你呢。"我说，"真是一个好消息。"

一年级上学期，通常情况下，一届里最艰难困苦的阶段，就这样过去了。如果不是我睁着一双倦眼所做的记载，真不记得是怎么过来的。现在的这 55 个孩子，从言行举止到精神风貌，都和开学之初大不一样了——使他们发生如此变化的，是教师，更是他们父母和自己。现在，无论如何要总结一下了。

办公室里，不止一次——我说过："本学期我最值得骄傲的是，在言在心，没有抱怨过孩子一个不字；在言在心，没有抱怨过家长一声'不'字。"有一个字，因为滥用而几遭亵渎，所以我耻于说它。

也许，对于学生，我永远不配用那个字，可是我会争取尽量温暖、开放、智慧、理解地对待他们，和他们一起走过六年——之后的五年半中间，会发生多少事情，挑战教师的修养和耐性？不知道。可是，我有信心面对未来，因为和我奋斗在一起的，是喜爱我的学生，和将信任给了我的家长。

只要在做教师，就要常常提醒自己：

凡事包容，凡事相信，凡事盼望，凡事忍耐。

这很艰难，唯其艰难，才值得争取。

1月26日 / 星期三 ✻ 雪

## 雪一样纷飞的思绪

统考试卷阅出。满分11人，全部及格。90分以下3人，分别为86分、87分、77分。

分数比较高的原因在于：第一，这次考试题目是按大纲标准出的，比平时容易；第二，学生读书写作搞得好。分数算什么？分数不过是广泛阅读的副产品。

这边试卷出来，那边各校教师紧张地看自家情况。我呢？只从电脑统计上知道了如上结果。至于分数谁是多少我全然不知——全然没看。还有很多的99分、98分。在我眼里，这跟满分是一样的。但是无论如何，一年级孩子能细致到滴水不漏，还是不容易的。也是平时的高标准、严要求把他们的能力锻炼出来了。

原想，读书、日记这些事情，布置不布置，都是该做的做，不做的不做。而且我相信，班上大部分同学会在家长的督促下去做。

我相信开学之后，会看见他们在读书、写话、书写方面有较大进步。基于这种充分的信任，我决心不额外布置寒假作业。

可是，网友“快乐小荷”来来回回的“请教”弄得我心里打起了小鼓。想起李德昊家长说过的：“很多事情，老师布置一句话，抵我们家长说很多。”

可能，对有些孩子和家长来说，布置和不布置还是不一样的。于是又决定，后天拿成绩单的时候布置：一、认真完成语数《寒假作业》（其实他们已经完成）；二、每天背诵儿歌两首；三、每天熟读一篇300字左右的短文；四、每天写一段话，注意标点符号；五、复习拼音、生字。

怎么布置呢？

自然是人手一份地印发了，这算是给家长的最后一封信。

上周五，说是学期结束了，其实心还是没有闲。雪又下了，纷纷扬扬，舞不尽教师的思绪。家长如果和我一样，回首过去的五个月，必定比我还要感慨良多。我是一个自私的人，我只爱自己的亲人、朋友和学生。

言不由衷的祝福是没有意义的。孩子们，让我祝福你们。

# *Part 2*

# 请跟我来

## 呼唤

尊敬的家长：

您好！

很高兴因为孩子，我们走到了一起。

伟大的教育家苏霍姆林斯基在《给教师的建议》里指出：

家庭要有高度的教育学素养。

如果没有整个社会首先是家庭的高度的教育学素养，那么不管教师做出多么大的努力，都收不到完满的效果。

家庭智力生活背景，即书籍在家庭生活中所占的分量——于学龄前，便在很大程度上决定了儿童智力生活的状况。

在苏霍姆林斯基的学校里，家长会的主要内容是读书汇报——朗诵，是其中必备的节目。

所以，如果希望孩子好，那就先成为读书型的父母，那就从今晚做起——和孩子一道，安静地看书。如果您不能在书桌前坐半个钟头，又如何要求孩子每天从早到晚坚持五六个小时的艰苦学习呢？

大师还告诉我们：

所有那些有教养、好求知、品行端正、值得信赖的年轻人，他们大多出自对书籍有着热忱的爱心的家庭。

当然，您也可以举出文盲父母“培养”出优秀子弟的例子来反驳我。但您不要忘记，物以稀为贵，文盲之家的才俊之所以可以名噪一时，恰是因为那样的情况太少啊。书香门第出学者，谁会为此而惊讶呢？

今后，关于孩子的读书，关于家长的读书，以及教学教育中的其他课题，我们会根据具体情况向您提出建议，仅仅是建议。

如果您愿意，如果您真的很爱您的孩子——请跟我来。

谢谢您细读、保留此信并予以反馈。

### 今日建议

一、在孩子的书包里装一本轻便的课外书，他作业完成的时候可以看。

二、语文《基础训练》每篇都有注音儿歌，请您当天教孩子读背。教师次日检查。

三、给孩子买《新编365夜儿歌》。我们在汉语拼音结束之后，要将它列入课外阅读书目。一定要是正版。不着急，两三个星期内买到都行。

四、每次给孩子买书的时候，您也给自己买一本。

一年级语文教师

9月3日

## 拜　托

尊敬的家长：

您好！

六个单韵母教学结束。上午一节课，教读语文书第 9 页下面 18 个字母，齐读都行，单读的情况大有不同。

由于班级人数太多，不可能一一检查过关；而且因为少部分吃力的学生而拖着全班反复练习，对于大多数早已经熟读的孩子是一种折磨，所以这一任务必须拜托家长完成。

### 今日读书任务

要求任意指读正确无误的：语文书第 9 页下面 18 个字母；《基础训练》第二课即第 2 页第一题 24 个字母。

要求背诵的：《基础训练》第二课即第 2 页“读读猜猜”的谜语。字不需认识，如果他们高兴，也不妨让他们似认不认地自己读着玩。

以后读书任务大致如此，有心的家长可以自己摸到规律。

比如明天的任务，就是 16 个汉字能够任意指读——明天的，今天千万不要着急。

另外，明天下午3:00借读生家长在多媒体教室开会。

拜托，再致谢意。

一年级语文教师

9月6日

## 感谢配合

尊敬的家长：

您好！

9 月 6 日关于读背作业的信件，或答复或签字，大家都做了反馈。更重要的是，过去的一周里，通过检查，我们看到：绝大多数家长在用行动配合教师——在用爱心，和孩子一起克服起步阶段的困难。

孩子学习是艰辛的，这是一个爬坡的过程，一旦上了路，对于您的家庭、对于教师，都是一件幸事。在这一过程中，教师自然要竭尽全力引领、帮助他们，如果再能得到家长的帮助，那孩子是多么幸福。相反，那些得不到父母应有关心的孩子，又是多么可怜。

养育养育，在物质条件相对富足的今天，父母责任更重要的，是教育，而不是抚养。

第一封信反馈情况：收到 34 份，缺 21 份。

对于那些没有回复的家长，我们要说的是：不管具体原因是什么，哪怕是您已经写好了，只是忘记让孩子装进书包——请您记住，您是成人，第一次“家长作业”您都不能按时交来，想一想，您如何去要求孩子养成良好的学习习惯；想一想，教师带动50多个孩子，是多么艰难；想一想，孩子的成长是多么不易。

回信中，我们读到您孩子的个性和学习状态，读到您对教师的信任、期待、建议，更读出您对孩子强烈的责任感——正是这种责任感，把我们联系到一起。

不敢奢望所有的人都能跟上。

不敢奢望跟上来的人，都能坚持到底。教师能做的是，竭尽全力和问心无愧，希望家长也一样。

关于课外读物，只要条件允许，一定要买漂亮、悦目的正版。这是培养孩子“爱书之情”的第一步。

大家的建议有很多——不少是彼此相反的，比如有人希望减轻负担，有人希望多布置作业，有人希望保护学生朦胧的兴趣，有人希望尽早开始检查测试……

所有意见，我们都会在教学中斟酌考虑。您的回信，我们将作为珍贵的资料保存，并经常回味——将来，我们要拿它和孩子的成长情况相对照，那一定是发人深省的。

以后，只要是提出反馈要求的信件，望您回复——签名也行。像此前所发调课通知，就不做回复要求。当然，我们很欢迎您给我们写信。

有学生上学忘记带书，希望家长注意。开始的时候可以帮孩子收拾整理书包，之后让孩子自己做。自理能力就是这样培养起来的。

### 今日建议

个别同学跟不上进度。书写不规范；音节的直呼认读，不太熟练。请家长予以检查，需要的让孩子多做书写（在四线格内）和认读的练习。班级人数多，不可能为个别人耽误进度。

在已经学过的音节中，把带声调的直呼音节给孩子听写。刚开始孩子必定不太明白，家长要有耐心。

一年级语文教师

9月10日

## 做和不做，怎会一样

尊敬的家长：

您好！

回信收到。两天过去，我们惊喜地发现：做和不做，大不一样。没有付出怎得收获？当我们和孩子一起爬坡的时候，播种的是知识，更是情感。否则，我们哪有资格对孩子说“我爱你，我曾为你真心付出”？

针对大家的反映和提问，教师作答如下：

进度。决定进度的因素，一是教材要求，二是班级整体接受情况。有一个不合理现象，那就是在小学阶段，最累最苦的，恰是一年级第一学期！所以，当您为孩子“跟不上”着急的时候，教师也正苦恼。我们当然会在“往前赶”的同时，经常复习。您也要“跟上来”。

书写和做题。家长发现孩子书写不规范，就买来描红本让孩子多练习——这很好。除了《基础训练》，学校已购《小学语文试卷》。为使孩子及早获得解题能力，需要的话，您可以选购一份课堂练习或测试题，让孩子接触各种题型，免得考试时“明明懂得却不知道怎么做”。

l、n 不分。这是本地区方言特征。这个问题不是课堂上可以解决的，等课外阅读开展之后，这个问题会自然得到解决。

直呼音节的听写。开始肯定慢，不要着急。一天听写几个，到下周，情况必有改观。所以，不要急于求成，重要的是“日不间断”。

孩子在校表现总体情况不错，需要家长协作教育的时候，教师自会告诉您。

有的孩子喜欢搅扰、进攻同学。这也是教师关注的。希望大家严于律己，宽以待人，多多规范自己的孩子。毕竟，对于那些多动和富于攻击性的孩子而言，最不幸的是他们自己——天长日久，他们会成为人群中不受欢迎的孤独者。当然，教师会竭尽全力，不让那种情况发生。作为家长，对此更负有不可推卸的责任。

“在家很任性”。这实在是家长自己应当深刻检讨的事情。现在的孩子，性格成型早。希望父母高度重视，及时扭转。否则，学校教育的效果只能被抵消。

多提问。几乎所有家长都要求教师多提问自己的孩子。在时间紧、人数多的情况下，希望大家不要对此期待过高。如果说孩子“不提问就没有劲头学习”，那可是一个严重问题。所以，学生取得优秀成绩所依赖的，除了天分，更多的是自控力、专注性和求知欲。这些素质，对于孩子的成长，太重要了。

一年级语文教师

9月13日

## 定能生慧

尊敬的家长：

您好！

“定能生慧，静纳百川。”

“静如处子，动如脱兔。”

这两句古语告诉我们：静心、静气，对于渴望获得知识、拥有智慧的人来说，是多么重要。

学习是一辈子的事情，学习就是向世界汲取生命的能量。人们常用“海绵吸水”来形容一个人如饥似渴的学习状态，而海绵，恰是柔软无声的。

爱吵爱闹，意味着一个人的心门是闭塞的。他的眼里只看见自己，他的耳朵只听见自己。这样的人，怎么可能从生活、从书本有所吸纳和汲取？

“聪明”——耳聪目明，顾名思义，就是指一个人的听觉、视觉习惯性地处于聆听和搜寻的状态。

聪明的孩子是很容易辨识的。根本不待考试，您只要注意他在人群中听人说话的神情就知道了——至于上课，他的专心致志，那是自然而然的事情。

所以，如果孩子爱吵爱闹，听不进别人说话，不要以为这只是个性有缺陷，这也是可忧的心智状态。

培养孩子的静气，是家长和教师的共同责任。

家长要做到的是：自己先不制造噪声。要以静传达静，以静滋养静，尽量柔和地对孩子说话。

当您不叫喊就不能引起孩子注意的时候，孩子已经被您训练成“很难对付的人”了。这样的孩子，到了学校，是不能期待教师的“和风细雨”对他产生作用的。

一个问题：除了叫喊，不能引起孩子注意的原因在哪里呢？大约因为您说的是老一套，您的话孩子早就厌烦了；说不定，您的语言还不够卫生，而脏话，最容易污染灵魂，毁掉孩子成长所必需的宁静和清洁。

都说孩子服教师。一个重要原因，就是因为教师语言相对丰富，能以其内容的新鲜吸引孩子。而这种语言魅力来自何处？

是读书——日不间断的读书。除此之外，别无他法。

如果您想让孩子喜欢您、聆听您，试着这样逼迫自己：一定让自己的语言新鲜、洁净、有趣味。如果觉得很难，那就意味着您该读书了。

爱读书的父母，最容易带出爱读书的孩子。

更多时候，不需要您有意去培养——您津津有味的阅读，对于他就是最好的诱惑和示范。

读书需要静心，读书也能培养静心。

试试看吧。

先做读书人，然后谈教育——和孩子一起成长，这才是为人父母应当追求的幸福。

### 今日建议

一、如果您家电视、音响声音一向很大，请立刻拧小。噪声是儿童智力最凶恶的杀手。

二、如果想跟孩子讲什么道理，试着用小故事、儿歌来说明。

三、声母 y、w 学习结束之后，将测验第一单元。如果没有资料，《基础训练》也是很好的温习材料，很多作业是教师在课堂上带着他们完成的，您可以让他们读一读，或让他们独立完成灵活题目。

此信不用回复。

一年级语文教师

9 月 16 日

## 您是真正的收信人吗

尊敬的家长：

您好！

关于“请跟我来”通信系列的作用，教师是这样估计的：三分之一积极行动，步步紧跟；三分之一虎头蛇尾，勉强应付；三分之一基本没有能力跟上。而这，就是优异、良好、及格拉开距离的原因。

教师的责任是爱岗敬业、教书育人——家长呢？

教师能做到的是，一方面将分内之事圆满扎实地完成，竭尽全力不让一个学生掉队；另一方面为愿与孩子一起爬坡的家长指出努力方向。同一个班级，孩子之间的竞争，归根到底，是家长综合素质和付出心力的竞争。平时不闻不问，考差了大发雷霆，是不负责任的突出表现。

起步阶段，重要的不是分数，而是学习兴趣和状态。家长，您有兴趣、在状态吗？

永远不要苛责孩子。如果您以为孩子不够聪明，问问自己遗传了什么；如果您以为孩子行为习惯不好，问问自己如何做的榜样。

曾经有一位同志问：“我们没有文化，没有能力帮助孩子怎么办？”

读到这样的话，刚开始教师根本没有往心里去，以为这是不可能的。可是从第一单元 A、B 卷完成情况看，这样的家长还不止一个。教师惊讶地发现：这批年轻父母中间，真有一年级测试都不能圆满通过的。怎么办？

做孩子的同窗，跟着一起学吧！这不是在帮助孩子，这是在拯救您身为父母的尊严和威信——除此而外，别无他法。因为教师安排进度也好，组织复习也好，只能，也只应当从大多数孩子的需要出发。

教师也知道，最该牢记这些话的家长，往往最不把这些话放在心上；那些各方面做得很好的家长，反而会从中得到警示，更加关注孩子的成长。

所以，谁以行动“跟上来”了，这些信就是写给谁的。

您是真正的收信人吗？

### 今日提示

一、少数孩子下午打瞌睡，甚至入了梦乡。希望家长教育孩子：中午即使不睡，也不能疯玩，更不能成为噪声源，成为扰邻的可恶之人。

二、记得往孩子书包里装课外书，以培养他们利用点滴时间看书的习惯。大多数孩子，写完作业就安静地看书，他们多么可爱啊。少数孩子呢？没事可干，总是找同学说话，总是被老师点名，他们太可怜了。

三、下午才考试，想一想，教师这个时候写这封信，用心何在？

一年级语文教师

9月23日

## 孩子需要您的扶助

尊敬的家长：

您好！

第一单元测验，总体情况不错，大多数同学成绩在 90 分以上。

### 试题说明

第一题，需要记住的顺序是 j q x zh ch sh r z c s。

第二题，部分同学笔顺需要强化练习。

第四题第 3 小题是常见题型。因 4、5 两小题不算分，这一题分值修正为 14 分。做这类题目时，要按顺序填写出相应的答案。

按顺序的答案为声母：b m h f p n d k。

韵母：u ɑ i o e ü 。

丢分同学要多做同类练习，有心的家长可以自己出题让他做。

第四题第 5 小题超出学习范围。声母为平舌音的字为“色”，声母为翘舌音的字为“树”“上”“长”“装”。

前封信里，教师说过，“分数不重要”——考试目的在于使我们了解学生对于知识的掌握程度。

对于高分同学，教师要说的是：一分耕耘，一分收获，望继续努力。

对于分数不理想的同学，教师要说的是：不要着急，找到丢分原因，利用双休日，紧紧追上。

对于所有家长，教师要说的是：感谢过去四周的配合。相信你们中的大多数已经深深知道：一年级学习内容其实不简单。孩子需要您的扶助——今天的扶，正是为了将来的不扶或者少扶，否则问题越来越多，差距越拉越大，孩子和您将不堪其苦。

试卷如有疑问，写在卷上，让孩子带来问。如无疑问，卷子不必交来。

## 今日提示

个别学生喜欢挖鼻孔，很不文明，很不卫生。这种坏习惯的养成，家长有责任，请帮助革除。

开始教学复韵母了，家长要把带复韵母的词语给孩子听写，作为巩固，如“梅花”“书柜”“开水”。

一年级语文教师

9月24日

## 重要的是日不间断和兴致勃勃

尊敬的家长：

您好！

信发出之后，大家都忙碌了起来，有买书的，有提建议的，也有推荐书目的。“对于一个学生来说，他第一应当热爱的，就是读书。因为这是他的责任。”这是苏霍姆林斯基说的。教师深以为然。

9 月 1 日，面对新生，教师感叹：“站在同一起跑线上，看起来没有差别——六年之后，他们将多么不同。”

“不同”的原因有很多。最重要的，就是孩子的阅读能力拉开了距离。

现在教师知道：起步早的孩子，已经能读《365 夜日记启蒙》《365 夜作文启蒙》了。

对于这些孩子的家长，教师要说的是：《365 夜日记儿歌》是面向全班的“从零起步”。正常情况下，孩子们都在同时读两本书。一是教师检查的朗读材料，一是学生自己挑中的“故事书”。所以，您的孩子，大可以在“另一本”上大踏步地前进。只要是他喜欢的，走得越远越好。

对于大多数家长，教师要说的是：不要着急，不要攀比，不要企望一口吃胖，不要提出超越孩子接受能力的要求。读书是一辈子的事情。重要的是日不间断和兴致勃勃。只要他在读，只要他这周比上周进步了，就值得高兴，就应当鼓励。从零起步——只要是日不间断和兴致勃勃，最终一样可以拥有值得骄傲的阅读能力。

从前班级人数少，教师一周一课时，逐一划定并逐个检查。

现在，酌定阅读量和初查的事情由家长来做，教师根据家长的标记抽查。需要说明的是：

相信这是家长愿意做的事情，毕竟您比我们更希望孩子好。教育是一项缓慢美丽的事业，教师有足够的耐心和信心——请跟我来。

这是一封动员信。教师检查督促下的读书，从拼音教学结束之后开始。具体操作方法，到时候再和家长具体沟通。教无定法，让我们一起摸索。

记住，要像爱护眼睛一样爱护孩子的读书兴趣。长度不重要，到学期结束，孩子的阅读水平能达到每天读一篇 200 字以上的故事就很好了。

## 今日提示

在欢度节日的同时，带着孩子复习巩固语文、数学，免得七天之后，所学都还给教师了。语文要能在四线格里正确、规范写出您所报的词语音节。拼音书写不规范的，正好利用这个时间多练习。

每人准备一张一寸黑白照片，10月8日交来。要办理学籍。

一年级语文教师

9月28日

## 课外阅读开始啦

尊敬的家长：

您好！

9月28日致家长信中说道："现在，酌定阅读量和初查的事情由家长来做，教师根据家长的标记抽查。"

10月9日一位家长来信说："老师的要求和意愿我们理解，今后在阅读上我们会多多督促孩子。可是家长督促太紧了，孩子有逆反心理，老师的话对他来说好比圣旨。有些要求老师可以直接给孩子提，最佳的效果，需要我们和老师一起摸索。"

这位家长是希望教师给孩子确定阅读量。

想想也有道理，同样的任务，布置来自教师和家长效力确实不同。而且相对整齐的阅读进度也有利于教师带读、检查。那么，我们试着先这样做起来——

从本周三开始，《新编儿歌365夜》每天两首，每首五遍，一周七天，总共十四首，熟读即可，教师不做背诵要求，会背当然更好。下周三，教师带领大家一起朗读，并逐一检查。不能熟练朗读的，自然要挨批受罚——其实，更该批评和受罚的，是身为父母的人。

需要说明的是：确定这个阅读量，是为了保证能力较弱的同学也能完成。以后，随着大家读书能力的提高，再做调整。

能力有余的同学，完全可以在另一本的课外阅读上大踏步地前进。

教师和家长现在做的，是培养孩子的兴趣和习惯。督促和检查都只是手段。有一天，孩子不用提醒，自己能在课外阅读的大海里远航了——那才是我们的目的所在。

“另一本”，应当是短小精悍、图文并茂的注音读物，而不是全图的低幼读物，这样才能使孩子的阅读能力有所提升。

关于“另一本”，买的时候，家长尽可以和孩子商量。但买来了，就必须读完才可以再买新的。这就是从小培养孩子的责任感。

星期三上午，让孩子把《新编儿歌 365 夜》带来。

一年级语文教师

10 月 10 日

## 家长之间也要多沟通

尊敬的家长：

您好！

第二单元试卷阅毕，90 分以上的有 30 人——值得表扬；应当说，85 分以上的也不错；不及格 7 人。除了题目容量和难度增加之外，教师在学生做题之前没有像上次那样逐一读解题意也是原因之一——以后，我们还要进一步“放手”，扶得更少。必须让孩子学会独立读题。

我们说如果开初没有紧紧跟上，以后必定会越来越吃力，就是这个意思。第三单元只有三课，第三单元测验之后就是期中考试了，所以，请父母在综合练习和理解题意两方面帮助孩子。否则随着进度的加快、难度的加大，孩子的成绩必定有更大波动、下滑。

田字格里的字是一类字，要求会写——在田字格里规范地书写，并且掌握笔画名称和顺序。

绿框里的字是二类字，是必须认识的。

同在一个班级，教是一样地教，信也是一样地发。如果您没有按照教师信件上的要求去做，没有尽到做家长的责任，不要向孩子提学习要求，更没有资格责备他们。今后希望家长之间多就孩子学习进行沟通——多向做得好的父母学习取经。教师要说的，都在信里。

每次测验之后，卷子都会发下去。如果孩子不给您看，您问自己为什么。

读儿歌也是复习拼音，家长要每天督促孩子，不要教他们读。

今晚 7:00 开家长会，请大家带上纸笔，按时到会。希望你们届时衣冠整洁，注意维护教室卫生，不要吐痰、吸烟，安静听校长讲话。

一年级语文教师

10 月 14 日

## 纠正一个错误观念

尊敬的家长：

您好！

苏霍姆林斯基在《给教师的建议》里指出：

“三十年的经验使我深信，学生的智力发展取决于良好的阅读能力。”

为什么读书使人聪明呢？

美国教育家施道弗告诉我们：阅读时用于眼球移动的时间仅占 5%，其余 95% 的时间用于思维。

根据二十多年的经验，教师得出这样的结论：大凡是文理兼修、学习轻松的中学生，都是在小学就养成了良好的阅读习惯，对于课外书籍有着浓厚兴趣的人。人的大脑好比待垦的荒地，广泛的高品位的阅读，使它成为热土，只有在这样的沃野上，才有可能长出参天的智慧之树，结出丰硕的知识之果；仅抠教材的人，他的精神世界无疑是贫瘠的盐碱地。即便现在的考分很高，我们也不敢对他的将来抱乐观态度。

有一种常见的错误观念：我的孩子完成“本职工作”已

经费力了，还是少读课外书、集中精力务正业的好。

对于这种看法，我们还是听听苏霍姆林斯基的见解吧。

“请记住，儿童的学习越困难，他在学习中遇到的似乎无法克服的障碍越多，他就越应当阅读。”

正因为功课对于这些孩子来说很艰难，所以我们更要鼓励他们去读自己喜欢的课外书——这就好比让一个在封闭的屋子里干活干久了的人到鸟语花香的园子里散散步。否则，他们对于学习的理解将是枯燥和无法忍受的。

有些孩子不是不聪明，而是开窍较迟。用教育学家的话说，是思维暂时处于沉睡的状态。那么，怎样唤醒思维，使他们蕴藏着的聪明苏醒过来呢？

最好的方法就是让他们多读有趣的课外书。

当孩子怎么努力也解不出一道在别人看来很简单的数学题时，苏霍姆林斯基是这样说的：“孩子，放开吧。您先看看这本漫画书，回头再来想。”

加上《基础训练》里的儿歌，学生每天要读三首，能完成任务就很不错了。部分孩子在读“另一本”，关于“另一本”，教师再次强调：内容不能太长，到学期结束，一天能读一篇一两百字的短文就超级棒了。读书是一辈子的事情，不能性急。对于这些孩子，家长要注意的是——给他们足够的玩耍时间。

## 今日提示

星期三让孩子把《儿歌》带来，教师要检查朗读情况。

课后绿框里的字是二类字，只要认识就行，不必让孩子写。因为它们最终是要作为一类字出现的，现在教写，一则加重负担，二则伤害学习兴趣。即便以后统考考到了，扣分了，教师也会告诉学生：犯错的是出题人，我们不理他。

一年级语文教师

10月19日

## 教育写作并不难

尊敬的家长：

您好！

这是第二次读书检查，一位同学得到了两个 100 分，其中一个是给孩子妈妈的。为什么呢？因为这位身为工人的母亲，已经拿起笔，开始了她的教育写作。

请读：

10 月 10 日

今天李宋杰同学背诵得非常好，妈妈都比不上。

10 月 14 日

今天好可爱哟，背儿歌也背得非常甜蜜。

10 月 18 日

今晚的月亮很美，李宋杰也很漂亮，儿歌也读得很美。

10 月 24 日

很好，奖励一个五角星。

说实在话，在孩子的书上读到这些句子的时候，教师被深深感动了。因为这些简短朴实的句子里所蕴含着的，是最深沉的母爱——将来，当孩子长大了，他必定会一再重温他人生第一本大书，重温这永不褪色的母爱。

看啊，教育写作就这么简单。日子一天天过去，太多劳累经过不留一丝痕迹，可是只要我们愿意，我们就可以在最重要的事情上，留下美好温暖的印记。

当然，以后我们可以写得丰富多彩些，也不一定句句都说读书，比如像这样——

> 二十多天没有下雨了，空气很干燥，孩子读书的声音滋润了我的心。
>
> 现在是晚上八点，背好了，看电视去咯！
>
> 天气凉了，明天要给孩子添衣服了。
>
> 明天开运动会，比赛成绩不重要，我祝孩子玩得开心。

这是爱的诗篇，这是与孩子同行的足迹。面对这样的家长，教师深受鼓舞，信心倍增。

还有少数同学，儿歌读得很生疏，这是家长的失职。

一年级语文教师

10 月 27 日

## 让我们跟上他们吧

尊敬的家长：

您好！

第三次读书检查情况如下：

26 名同学会背，朗读不够熟练的 2 人，基本不会读的 1 人。

有 10 多位家长，或在《儿歌》书页上，或者在本子上，或在教育在线的个人专栏上，记录孩子成长的足迹。

读了《教育写作并不难》，韩玉琤同学父亲建议："让孩子在儿歌后面也写上一两句话，一来可以充分理解儿歌的意思，二来可以训练其书面表达能力。"

多好的爸爸啊。我们再次深刻地体会到："当人们说这个孩子和那个孩子不同的时候，其实主要指这个家长和那个家长不同。"现在一日一句，将来一日一段，长此以往，不得了啊！

我也想到天上去玩玩。

哈哈，爸爸背的时候分不清"汤团"和"汤

圆”啦。

东东是个尊敬老人的好孩子，我们应当学习他。

如果您是和孩子一起爬坡的，您一定知道上面这些话，韩玉琤分别写在哪一页。

妈妈说：“芸芸，你别赤脚走路，还没到夏天呢。”

芸儿说：“妈妈，把脚吃掉，不就不能走路了？”

妈妈：“……”（《赤脚和吃脚》）

芸芸说：“妈妈，您来陪我做一件事吧。”

妈妈说：“什么事？”

芸芸跑来让妈妈弯下腰，附在妈妈耳边神秘地说：“做一件美丽的事。”

妈妈说：“美丽的事，什么美丽的事？”

芸芸说：“陪我出去玩吧。”（《美丽的事情》）

这是晏楚芸的幼年妙语，是不是很有趣啊？

我们相信，这样的出色父母会越来越多——不为教师的表扬，而是为了孩子，为了自己。

他们已经走在了前面，让我们跟上他们吧。

通知

星期日下午4:00召开家长会，有重要事情通告，务必按时到会。

下周的后半周期中考试。

一年级语文教师

11月3日

## 请站在孩子的角度

尊敬的家长：

您好！

期中试卷已阅，语文90分以上的有37人，其中95分以上的有25人。至于80多分的同学，很多丢分在最后两题——阅读和写话。随着学习的深入，今后的测试，将更注重对学生读题能力、阅读理解、写话能力的考查——孩子们在大量阅读的同时，辅以适当训练，应当没有问题。

请站在孩子的角度，不要计算考分离100差多少，而要“从零开始”，计算孩子在两个多月里学到了多少。分数无论高低，我们都当它是孩子们辛苦劳动的收获。这样，我们就会以平和、理性的态度去对待孩子，并且找到今后的用力点。

此外，孩子们还要注意书写规范，强化时间概念。

### 关于本周读书检查

儿歌会背的有37人，朗读不熟的1人。尤其值得表扬的是：原来朗读不熟的施俊瑞、朱丽丽、周子善、聂大伟也能背诵了。对于语文而言，最值得重视的，是广泛的阅读，而不是一时某次的考试成绩；对于将来其他的所有功课而言，阅读能力的培养，是取得优秀成绩的根基。

很多同学或在书上，或在日记本上开始了“一日一句”的写话练习。最棒的孩子，已在向着“一日数句”乃至“一日一段”的方向前进了。

一分耕耘，一分收获。对于这些孩子及其家长，我们深表钦佩和谢意。

一年级语文教师

11月12日

## 让我们凭着自己的热情和毅力

尊敬的家长：

您好！

本周读书，会背的有42人。

今天，他爸爸给他买了一个机器狗玩具，拆开包装，拼装好后，顺手要把包装盒扔掉。冉冉赶紧把包装盒收了起来，并且说："小鸟的家在树上，包装盒是机器狗的家，您扔了，它就没有家了，多可怜啊。"看样子，爱心是随时装在孩子的心中的，我们做家长的自叹不如，惭愧。（徐会）

以前我们都让小孩自己读，由于她不知道连词、断句，我们说她读书像在挤牙膏。后来，我让她先读两遍给我听，我试着背让她检查。对着书，她检查得比老师还认真呢。我背错的地方，她给我严肃指正，这样就加深了印象。我觉得这个方法很适合她。现在，她背得比以前快多了。（孔维琼）

这是母亲的笔录，教师也是母亲。在教师看来，这不值得惊讶。可是，在读书课上，当李旭冉和郭乐将上面大段的话完整读出的时候，教师的心情不能平静——多么希望孩子的母亲也能看见这一幕！

人在潜意识里都是以“自我”为中心的，“读自己”是谁也无法不专注的事情。这就是孩子能“认识”其中所有生字的原因。这些字是否能记得牢靠一点也不重要，重要的是在这一过程中，实现了爱的回流，得到了上行的持久动力。因为孩子知道，无论学习艰难还是轻松，坎坷还是顺利，和他走在一起、欢乐辛苦在一起的，是他最亲的人。当然，还有老师。

> 小鸟的叫声真好听啊。（朱丽丽）
>
> 我很想到月亮上面去荡秋千。（施淑静）
>
> 下雨了，妈妈说农民伯伯的心里一定乐开了花，田地里的种子也一定乐开了花。（李旭冉）

这是孩子们学写的话。这样做的学生，必将越来越多。

让我们凭着自己的热情和毅力，笑望孩子的未来。

一年级语文教师

11 月 17 日

## 必经之路

尊敬的家长：

您好！

本周读书，49 人。其中王涛同学的熟背，尤其值得表扬。动笔写话的有 33 人。

13 个同学每天都写，他们是：孙琪先、高陈、常睿琪、李旭冉、王辰伟、宋振亚、李宋杰、王艺伟、江业雯、邢虎威、周子善、叶少华、胡婧怡。

请欣赏：

11 月 17 日　星期三　晴

我家墙角有一个小小的蜘蛛网，小蜘蛛在里面睡觉呢。（常睿琪）

11 月 18 日　星期四　晴

今天我到我哥哥家去是为了去买书。到了图书城，我买了《课课通》，是一年级的，我好高兴啊！（王辰伟）

儿歌基本上不用烦，很快就会背熟。就是写日记的时候，不会写的字很多。这个星期的日记，写得越

来越好了。（李宋杰母亲）

11月22日　星期一　多云

小鱼儿，别找春天了，你看见花开了，你就知道春天来了。（孙琪先）

这是李宋杰的成长足迹，也是每一个孩子必经的语文学习之路。

——读不用烦，于是写得越来越好。

第四单元测验，分数差距主要拉在阅读、写话两题上，今后将更是如此。

其实，无论是基础知识、阅读还是写作，提高能力的根本途径都是课外阅读。比如“夏天”的“夏”，在课外书中见多了，即使不会写，也知道不是“上下”的“下”，于是老老实实写拼音，于是免丢一分。

除读书而外，要想提高成绩，还要辅以适当训练。

一年级语文教师

11月24日

## 听听，花开的声音

尊敬的家长：

您好！

每到周三，总有丰收之喜。

儿歌会背，53 人。动笔写话，43 人。

动笔的孩子，大部分能坚持每天都写。

今天是 12 月 1 日，开学三个月了。回想走过的路程，你们必定和教师一样，欣喜于孩子的进步——这周和上周不一样，今天比昨天进了一小步。

教育是漫长而美丽的事情，我们一起耕耘，一起收获，一起担当辛劳，一起享受快乐。梅花香自苦寒来啊，付出有多少，幸福就有多丰厚。

每次写信，教师深感犹豫和痛苦：文字有限，应当表扬的孩子和家长那么多！好在我们辛苦不为赞扬，只为自己。

请记住：

一、对于所有家庭而言，教育是最大的事业。一切阻碍孩子健康成长的人和事——让它滚开。

二、好孩子是夸出来的。永远不要拿自己的孩子和人家的好孩子相比。只要他在做，在努力，您就该欢天喜地！

听听，花开的声音——

2004 年 11 月 25 日　星期四　雨

下面是我编的谜语，请大家猜一猜。

“有眼没眉毛，尾巴呈三角。没手又没足，生来在水里。”你们猜出来了吗？（李德昊）

2004 年 11 月 27 日　星期六　多云

今天下午，我下楼玩，看见唐雅馨掉到公园小河里了。回家后，我告诉了妈妈，妈妈说：“在外面玩，千万注意安全。”我也要告诉同学们，在小河边玩的时候，当心掉下去。（马静婷）

2004 年 11 月 27 日　星期六　晴

今天，妈妈带我去买菜，碰到一个小偷。我长大了一定要当警察，抓坏人。（鲍秉轩）

## 我的网友

因为上教育在线，我认识了一个新朋友。

我不知道她的真实姓名，可是她有一个好听的网名——

小雪花。我们没有见过面，可是我看过她的照片，她戴着博士帽的样子好神气。

我们都上一年级，我们在网上交流上课的情况，互相学习和比赛。

我喜欢我的新朋友！（胡婧怡）

一年级语文教师

12 月 1 日

## 水涨船高的三个层次

尊敬的家长：

您好！

第五单元测验，教师不再读题——因为课外阅读，孩子们已经具备了读题能力，只是快慢不同而已。其差距的形成，家长可以自己给孩子分析。

随着语文学习的深入，试卷将越来越侧重于对学生分析、理解、表达等诸多综合能力的考查。要提高综合能力，光靠抠教材是远远不够的，只有投身于课外阅读的汪洋大海，在那里练就搏击风浪的本领才行。

家长看过试卷，一定深感“不容易”。必须让你们知道的是，面对这样的试题，根据你们和孩子的付出，或迟或早，成绩将如此分层：

合格：仅仅满足于上课认真听讲，认真完成作业。得分在 60 分至 70 分之间。因为他们只能拿到基础分。

优良：在第一层次基础上，加以大量课外阅读，具备了相当的分析理解能力。得分在 80 分至 90 分之间。

优秀：在前两个层次基础上，加上写话和适当的做题训练，得分可望在 90 分以上。

当然，这是就总体而言的。可能偶然一次的考试，与您的具体付出不相符。但是，请相信，广泛阅读和各科学习是一个水涨船高的关系。语文是工具科和基础科，如果做到了上面三条，不仅是今天，不仅是语文，对孩子将来的发展，都可以抱以乐观的态度。因为教育学家告诉我们：所谓智力，就是阅读能力。

还有一个多月就要期末统考了，有心帮助孩子的家长请记住三个“每试必考”。

1. 按照课文内容填空，是每试必考的。低年级每篇课文都要背诵，对此，课后有明确规定。此外还有书上单元练习里的“儿歌”也当与课文一样对待。

2. 每一单元“练习”涉及的“拼音总表”“月份大小”“看太阳认方向”之类的综合知识是每试必考的。

3. 阅读分析也是每试必考的。除了勤奋读写、适当训练，没有任何捷径可以走。

一个多小时后，还有几个孩子没有做完，教师毫不通融地收了他们的卷子，因为低年级考试给定的时间是一个钟头，磨蹭的习惯一旦养成，将延缓他们学习能力的提高。

本周读书检查：

会背的 50 人。每天坚持写话的，30 人。

一年级语文教师

12 月 8 日

## 给徐会

徐会（李旭冉的家长）：

你好，今天是星期三。星期三是我和孩子们的节日！每当这一天，走在上班路上，我总会情不自禁地想：今天，会有什么样的意外之喜在等我呢？

小泉水，丁丁丁，一滴泉水一个音。
泉水唱歌大山听，听得满山草青青。

在我的耳中，在我的心里，这是世界上最美妙的音乐啊！当时我和了一支儿歌，作为敬意的表示，现在送给你——你且试着闭上眼睛，想象我读的样子和声音。

孩子齐读老师听，读书声，轻又轻。
一支儿歌一个音，老师听了笑盈盈。

下操了，我习惯去班里转转，翻看孩子们的日记和儿歌。

我看见过去一周，每一页上，你都根据儿歌意思，给孩子编了阅读理解题——很多字都是用拼音表示的。比如：

### 青蛙上山

两只小花狗，守着山门口。没长尾巴的，不许往里走。

咦，青蛙怎么进去了？花狗说他当过小蝌蚪。

1. 两只（　），守着（　）。没长（　）的，不许往里走。

2.（　）进去了，因为它当过（　），以前是有（　）的。

### 蝴蝶花

追、追，蝴蝶飞。飞远啦，不见啦，飞过竹篱笆，变成一朵花。

妈妈问：小朋友在追什么？

### 人人叫我好儿童

青菜青，绿莹莹，辣椒红，像灯笼。
妈妈煮饭我提水，爸爸种菜我捉虫。
好孩子，爱劳动，人人叫我好儿童。

青菜是（　）色的，辣椒是（　）色的。辣椒的样子像（　）。

十四首，每首你都这样做了！

然后我看孩子的日记本——不，是你和孩子合写的日记。读着读着，我的眼睛热了。因为我想起了自己，当年我也是这样做的。

你儿子来了，告诉我："老师老师，我妈妈天天给我写。"我说："孩子，你妈妈很了不起。老师被你妈妈深深感动了。我们要一起好好努力，否则，对不起你的母亲。"

看下面——楷体是孩子写的（很多是拼音），仿宋体是你的。

2004 年 12 月 8 日　星期三　晴

今天晚上，我姨妈有事，把我哥哥送到我家里来。

孩子语文（5~8）课的单元测验成绩下滑得令我吃惊。我急！我怕……不行，我得赶紧找原因、想办法，帮助他赶上去，否则，后果不堪设想。

2004 年 12 月 9 日　星期四　晴

下午，第二节数学课上，李老师表扬我了，说我有进步，因为我听课很认真。

今天，和班主任老师做了一番倾心之谈，再仔细分析他最近两个单元的语文试卷，深刻感受到孩子在阅读理解和看图写话上存在很大困难。

2004 年 12 月 10 日　星期五　晴

今天是我妹妹的生日，晚上，我和妹妹一起吃蛋糕，我很开心。

老师说了："孩子是否有定性，直接关系到成绩的好坏。”现在想想，这话一点也不错，我的孩子天性好动，无论做什么都缺乏定性。稍微长一点的儿歌或者小故事，他就要分几次、用比较长的时间才能读熟、理解、背诵。

2004年12月11日　星期六　晴

下午，我一个人在家做作业。因为我爸爸妈妈都上班去了。晚上下班后，我妈妈表扬了我。

看来，从现在开始，就必须慢慢纠正他，从培养教育定性开始，改掉生活和学习上的一切不良习惯。同时我也要逐步改掉对他的学习和生活事务大包大揽的做法，使他能独立完成学习任务。

2004年12月12日　星期日　晴

中午，爸爸给我买了四条金鱼。我看见有两条黄色的，两条白色的。它们真可爱。

这几天，我从儿歌入手，让他先读三遍再把意思讲给我听，背诵之后做我编的阅读题。开始的时候我发现他简直找不到北，随意乱答一气。

2004年12月13日　星期一　晴

姨妈带李瑞冬到我家来。妈妈让我和他比赛做试卷，看谁做得快又对。

经过几天的训练，我感觉他好像找到门路了，但是还得继续努力才能赶上大踏步前进的大部队。

2004 年 12 月 14 日　星期二　大雾

下午，我在上学的路上遇到了薛老师。薛老师说我听课不够专心，她希望我早日改正这个坏毛病。

从日记情况看，他好像对自己的不足有所认识，这让我感到十分欣慰，我表扬了他。

“只要想到最缺乏主动性的孩子的阅读量也是教材额定字数的 N 倍时，我就无法不对他们的将来充满信心。无论如何，再难再累，也要挺住——将读书进行到底。

“差距产生的一个重要原因是教师没有带领读题。否则，80 分、70 分者，很多人分数能上一个档次，而 90 多分的，则不会有多大变动。阅读理解能力的差距是客观存在的，不读题，就是用分数的形式把原本隐藏的差距凸显出来。这是迟早要面对的差距，我不想盖着葫芦摇。我相信，此番刺激能让一部分家长奋起直追。

“至于那刺激无效的，等也是白等。”

徐会，这是我在《心平气和的一年级》里的教学思考，这话我跟你当面说过。从你这里，我知道，刺激产生效果了。我感到欣慰！

明天考试。本来，这封信该明天发出。今天，因为你，我不等了。

因为我跟你说过：“分数本身不重要。通过考试发现问题，找到努力方向，目的也就达到了。孩子成长，是一件缓慢而美丽的事情。让我们耐心些。一抓就灵，那是吃激素呢！”

一次考试分数的高低是偶然的，可是家长是否负责任，却必然决定了孩子发展的方向。你所承受的焦灼、辛苦，教师也正承受着。像你这样的家长，班上有很多，他们尽心尽力，各自以合适的方式在帮助孩子。因为你们，教师不敢懈怠。谢谢了，让我们一起努力。

我还要说的是：教师的一视同仁总是相对的。对于教育责任感特别强、“跟”得特别好的家长，教师对他的孩子自然要特别关注一些——这很公平。因为没有家庭配合，教师努力全然是做无用功。作为家长，谁也不愿意自己的孩子摊上甘做无用功的笨家伙，对不对？

还要谢谢孩子的父亲。那天你说：关于孩子的教育，你们做过深入交谈，各自反省自己，确定了努力方针并做了大致分工。

这真好。李旭冉真幸福！

一年级语文教师

12月15日

## 不要性急

尊敬的家长：

您好！

学期接近尾声，是疲惫袭来的时候，也是更要抓紧的时候——对于一部分孩子来说，新知识还没有学完，旧知识正在忘记。

12月20日，教师问：“孩子们，说说每天在家必做的事情吧。”

回答几乎一致：“先背课文和儿歌，然后读一篇200来字的小故事，然后写话。”

“我还要写妈妈布置的作业。”一个孩子说。

“我也是，我做《课课练》。”

“快考试了，我就做卷子。不会的题目，爸爸出了给我做。”

一些人如梦方醒地抢着回答。

“说到日记，老师再说一遍：上次考试写话，很多人的分丢在标点符号上。不会用的同学，让父母给日记加上，然后你们连着标点符号再写一遍，这样慢慢地就会用了，慢慢地就不需要每次写两回了。都记住了吗？”

“都——记——住——了！”

听见声势浩大的回答，教师笑了：“都记住了？怎么可能！其实，这是在给家长提要求啊。”

一年级上学期要求会用标点（主要就是逗号、句号），已是“超纲”了。之所以如此，是因为有一批孩子，在模范父母的帮助之下，已经往前跑得太远，不跟上，他们会很寂寞；不跟上，就白白浪费了可资利用的榜样之力。

越来越多的孩子，日记写得语句通顺，标点正确。这个功劳，全要归在父母身上。

还有写话内容，有心的家长总结如下：“不就是两种类型吗？一是根据提问写话，二是看图写话。我让他一天记日记，一天看图写话！”

群众的力量是无穷的，源于亲情的创造力和洞察力是不可估量的。

一天区别看不出，一周只差一小步——一学期下来，就在全然不同的两个档次了。您说，资质相同的孩子，摊上不同的父母，其发展，怎么可能一样？

问那些“甩手爹娘”：身边有这么好的榜样，您视而不见，听任孩子跟不上，那么，您怎能开口要孩子“向 ××× 学习”？当然，可能您对孩子的学习原本没有要求——那就对了，否则，必定委屈了孩子。

与之相反的是，一部分孩子的负担稍重了点。提醒这些孩子的家长：爱护孩子的学习兴趣，不要性急，不要跟别人比，有些因素是不能比的。不要只盯着分数，请您只跟自己孩子比——跟三个多月之前比，或者跟其他学校一年级孩子的阅读能力比。当您觉得付出没有得到充分回报的时候，要这样想：如果我不做，孩子的潜能将更不能发掘。

然后心平气和，做该做的事情。

下雪了，瑞雪兆丰年。作为教师，作为父母，因为爱与付出，我们才可以对他们丰硕美好的未来充满期待。

一年级语文教师

12 月 22 日

## 真诚的祝福

尊敬的家长：

您好！

这是本学期第二十一封信。9 月 3 日，教师于开学之初的焦头烂额间，睁着疲惫的眼睛对着屏幕敲出第一封信的时候，心里冲动又茫然。因为教师不知道，家长是否愿意跟，有多少人愿意跟、能跟多久。

所以，教师不知道自己会写多久。现在的“每周一信”，是在不知不觉中形成的，是教师当初绝对没有想到的。如果不是日强一日地感受到来自学生及其父母的支持和理解，教师不可能写到今天。

几多付出几多喜，一路艰辛一路歌。

最困难的时候基本过去了。明年，通信也许继续，但必定不再如此频繁。因为该上路的已经上路了；那没有上路的，教师不再也不必“手把手”地搀扶——过去的四个月里，你们中间，已经产生了一批值得羡慕和尊敬的家教高手。如果愿意，可以向他们请教。

《请跟我来》——这是一支动听的歌，学生和家长，才是真正的主唱。

一万七千多字，记录的是教师、孩子、家长携手并肩，一步步走向开阔美丽的坚实足迹。如果您把所有信件都收藏了，从前往后对比地看，您会跟教师一起惊叹：多么美丽的花开的姿态，多么动听的前进的足音！

作为教师，我们比谁都知道分数的重要。

可是，那比分数更重要的，我们时刻不敢忘记。

第一，身心健康；第二，正直勤勉；第三，面对困难，具有独立战胜的勇气和能力。

第四才是“成绩优秀”。

这是教师对自己孩子的期盼。如此排列，并非轻视考试，恰是因为我们深刻地知道，什么才是取得佳绩的正途。

我们以为，具备了前三条，在学习上，孩子自会取得天赋赠予他的最大成就；即便成绩一般，也能在学术之外的领域独当一面，拥有幸福人生。如果前三条欠缺任意一项，学习很难达到应有的高度，即便成绩幸而优秀，作为身心、人格、能力有缺陷的人，是否可以拥有广阔的前途和快乐的人生，也很值得怀疑。

如果努力，至少我们能做到前三条，至少我们能让孩子成为热爱书籍、精神生活充实愉快的人。

那么，无论他考试的成绩如何，我们都是最成功的教师和父母。

新年将至。

感谢一路同行。祝所有学生幸福快乐。让我们为此一如既往，奋斗不息。

他（她）是您的孩子，也是教师的孩子。

一年级语文教师

12 月 29 日

# 附录

*Appendix*

# 索引

# 班／级／书／单

## 中国作品

系列图书

**“中国动画经典”系列：**
上海美术电影制片厂出品

《宝莲灯》
《雪孩子》
《大闹天宫》
《三个和尚》
《好猫咪咪》
《小鲤鱼跳龙门》
《马兰花》
《人参娃娃》

单本图书

**《猪八戒吃西瓜》**
包蕾／文

**《一园青菜成了精》**
周翔／图

**《一只蚂蚁爬呀爬》**
赵霞／文，黄缨／图

## 国外作品

系列图书

**“青蛙与男孩”系列：**

[美]梅瑟·迈尔、[美]玛丽安娜·迈尔/著

《一只青蛙足够了》
《青蛙你在哪里？》
《独自生活的一天》
……

**“巴巴爸爸”系列：**

[法]安娜特·缇森、[法]德鲁斯·泰勒/著

《巴巴爸爸的诞生》
《巴巴爸爸找巴巴妈妈》
《巴巴爸爸搬大树》
……

**“可爱的鼠小弟”系列：**

[日]中江嘉男/文，[日]上野纪子/图

《鼠小弟的小背心》
《想吃苹果的鼠小弟》
《鼠小弟和鼠小妹》
……

**“儿童之友”系列：**

[日]高楼方子 等/著

《神奇的竹笋》
《消防车吉普达》
《小真的长头发》
……

**“金色童书名家精选”系列：**
[美]理查德·斯凯瑞 等/著，敖德/译

《消防车》
《怎么都吃不饱的狮子》
《快活的翻斗车司机》
……

单本图书

**《鳄鱼怕怕牙医怕怕》**
[日]五味太郎/著

**《猜猜我有多爱你》**
[英]麦克布雷尼/编文，[英]婕朗/绘，梅子涵/译

**《爷爷一定有办法》**
[加]菲比·吉尔曼/著，宋珮/译

**《好饿好饿的毛毛虫》**
[美]艾瑞·卡尔/著，郑明进/译

**《好饿的小蛇》**
[日]宫西达也/文·图，彭懿/译

**《逃家小兔》**
[美]玛格丽特·怀兹·布朗/著，[美]克雷门·赫德/绘

**《一口袋的吻》**
[英]安杰拉·迈克奥里斯特/文，[英]苏·海拉德/图